JN272016

ちゃちゃっと作れて
白いごはんがすすむ
朝昼晩ごはんと
お弁当の
メインのおかず109

主菜

飛田和緒

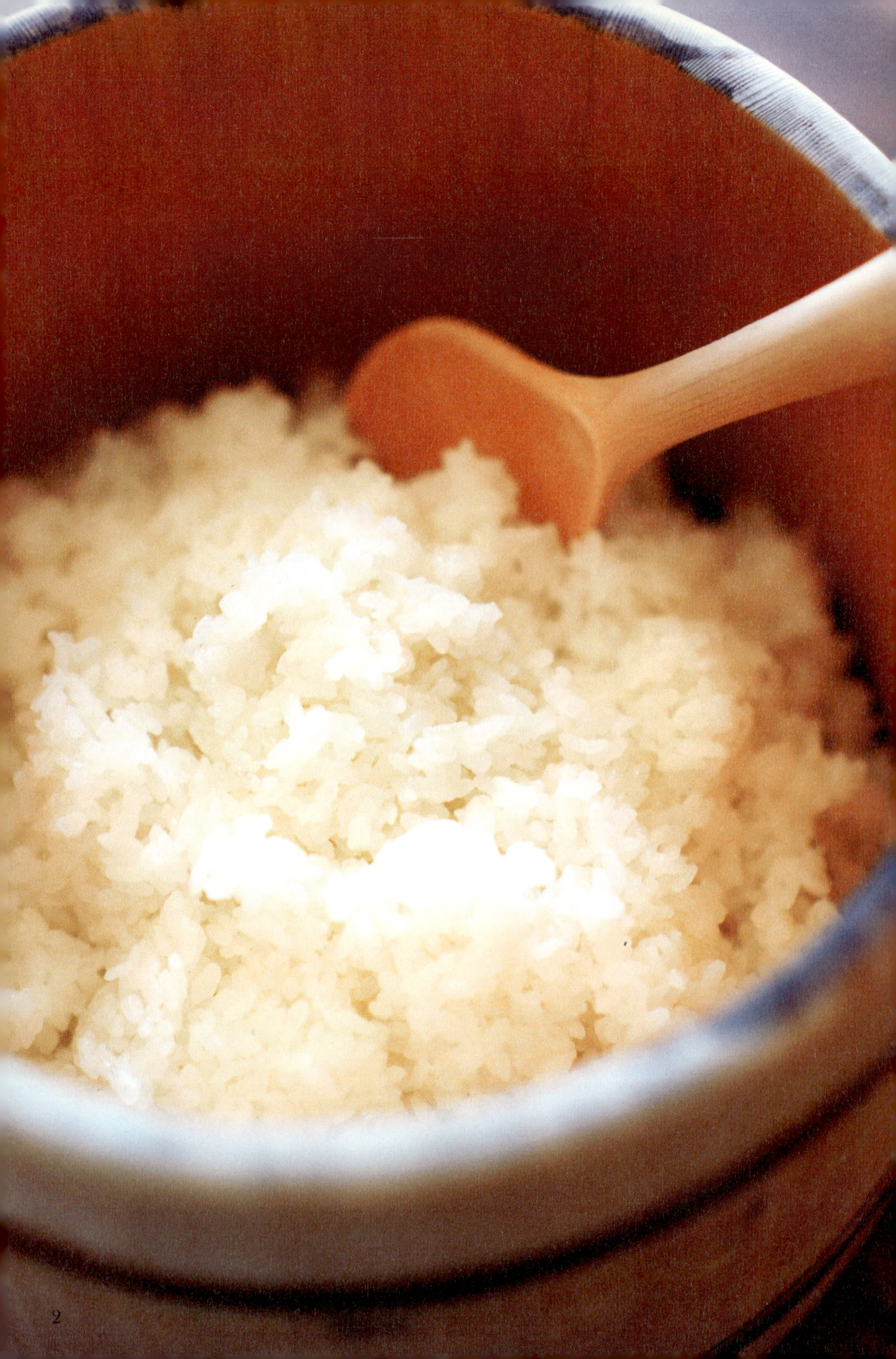

はじめに

　前作の『常備菜』に続き、この本では主菜、日々の献立の中でメインとなるおかずを紹介します。

　わが家のおかずは、すべて白飯に合うものばかり。パンや玄米、雑穀米ではなく、まっ白なごはんが主役となり、そのごはんがすすむおかずを作ります。

　ごはんは毎日、土鍋で炊きます。3合炊きなら、約20分で炊き上がる。その間に作れるおかずが、主菜となります。時には前夜から漬け込んだり、ゆでておいたりと、時間をかけて作るものもありますが、基本的には20〜30分ででき上がるものばかり。ごはんが炊けるのと同時に、おかずもでき上がるというわけです。

　献立は、一汁一菜。おかずを何品も作ることはありません。具だくさんの汁ものなら、ごはんと漬けものを添えるくらい。あとは冷蔵庫に常備菜があれば、なんともうれしい食卓のでき上がりです。

　レシピの分量は、基本的に2人分としましたが、わが家の2人分は、やや多めかもしれません。また、作りやすくするために少し多めにできるものは、2〜3人分としました。家族のお腹に合わせて、どうぞ分量は調整してくださいね。

飛田和緒

もくじ

【1章】肉で

- 8 豚のしょうが焼き
- 9 豚肉のケチャップピカタ
- 10 豚キムチ
- 11 豚肉の高菜炒め
- 12 ポークチョップ
- 13 豚肉のみそ漬け焼き
- 14 豚肉と紅しょうがの天ぷら
- 15 とんかつ
- 16 三枚肉の塩焼き
- 17 三枚肉の煮もの
- 18 豚肉と白菜の重ね蒸し
- 19 豚肉の梅蒸し
- 20 鶏のから揚げ
- 21 鶏南蛮
- 22 鶏の照り焼き
- 23 チキンソテー
- 24 ささみの明太焼き
- 25 手羽先のはちみつ焼き
- 26 鶏肉とトマトのクリーム煮
- 27 鶏もも肉の辛煮込み
- 28 鶏レバーのカレーソテー
- 29 鶏肉となすのザーサイ蒸し
- 30 鶏つくね
- 31 鶏ひきの親子煮
- 32 ピーマンの肉詰め
- 33 ロールキャベツ
- 34 揚げ肉団子
- 35 れんこんのはさみ焼き
- 36 ひき肉と春雨の炒めもの
- 37 れんこん入りひき肉の皿蒸し
- 38 春巻き
- 40 にんにく肉じゃが
- 41 牛すき焼きプルコギ風
- 42 牛肉のごぼう巻き
- 43 牛肉、トマト、セロリのオイスター炒め
- 44 牛タンのねぎ炒め
- 45 牛肉と大根のステーキ

【2章】魚で

- 50 かじきのカレー炒め
- 51 焼き魚の梅わさびソース
- 52 白身魚のペペロンチーノ
- 53 白身魚のバルサミコきのこソース
- 54 いわしのかば焼き
- 55 金目鯛のソテー しょうがザーサイ添え
- 56 あじフライ ダブルソースがけ
- 57 揚げ魚ののりあんかけ
- 58 鮭ときのこのバターじょうゆ炒め
- 59 鮭のちゃんちゃん焼き
- 60 さばのみそ煮
- 61 さんまの梅山椒しょうが煮
- 62 まぐろのステーキ ケッパートマトソース
- 63 刺身のナンプラー漬け
- 64 トマトえびチリ
- 65 えび、ほたて、アスパラの炒めもの
- 66 いかと里いもの煮もの
- 67 あさりの卵とじ
- 68 ちくわ天のなめこおろしがけ
- 69 じゃことブロッコリーのピリ辛炒め

【3章】野菜で

- 72 キャベツとひき肉のみそ炒め
- 73 キャベツ、卵、じゃこ炒め
- 74 なすの香味炒め
- 75 なすのソース炒め
- 76 きゅうりと豚肉の炒めもの
- 77 ピーマンとベーコン炒め
- 78 ゴーヤの肉詰め
- 79 ズッキーニとツナのみそ炒め
- 80 かぼちゃのそぼろ煮
- 81 じゃがいものチーズ炒め
- 82 大根、ツナ缶、ほたて缶の煮もの
- 83 干し大根と豚肉炒め
- 84 きのこのサワークリーム煮
- 85 かぶの梅おかか炒め

86 ごぼうのごま煮
87 ナムル
88 具だくさんとろろ
89 里いもと長ねぎの中華炒め
90 白菜とさつま揚げのさっと煮
91 もやしあん

【4章】豆腐・大豆製品で

96 にらたっぷりのマーボー豆腐
98 たらこ豆腐
99 がんもと卵の甘辛煮
100 厚揚げと野菜のカレー炒め
101 厚揚げの肉豆腐
102 からしいなり煮
103 細切り油揚げと京菜のさっと煮

【5章】卵で

106 半月目玉焼きのしょうゆがらめ
107 ひき肉のオムレツ
108 なめ玉
109 卵とほうれんそうの炒めもの
110 かに玉
111 にらの卵とじ
112 具だくさん卵焼き
113 茶碗蒸し

【6章】おかず汁もの

116 ワンタンスープ
118 豆腐入りコーンスープ
119 里いもときのこの豆乳スープ
120 具だくさんみそ汁
121 豚汁
122 ユッケジャンスープ
123 きのことれんこんの和ポタージュ
124 ラム肉のシチュー

コラム

46 おかずサラダ
　牛肉とせん切り野菜のごまサラダ
　漬けまぐろとトマトのサラダ
　豚しゃぶとゆでキャベツの梅味サラダ

92 おかず漬けもの
　オイキムチ
　なすのにんにくじょうゆ漬け
　オクラのキムチ風

126 おかずつくだ煮
　じゃこ、昆布、おかかの甘辛煮
　ごぼうとくるみのみそ炒め
　しらたきのピリ辛炒め

この本での約束ごと

◎ 1カップは200mℓ、大さじ1は15mℓ、小さじ1は5mℓです。
◎ 「だし汁」は、昆布、かつお節、煮干しなどでとったものを使ってください。
◎ オリーブ油は「エキストラ・バージン・オリーブオイル」を使っています。

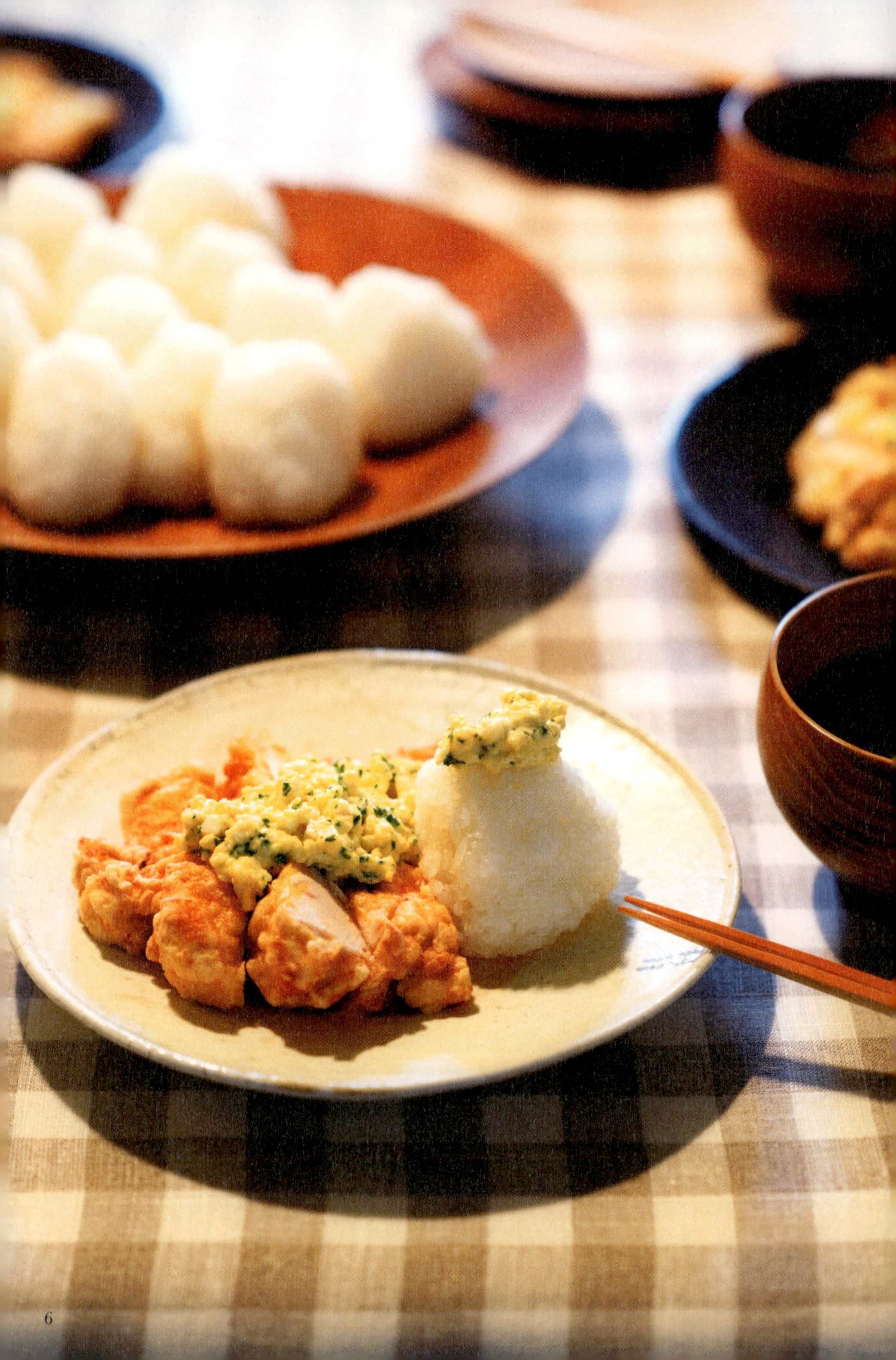

1章

肉で

わが家の肉料理は、豚肉、鶏肉が圧倒的に多いです。
豚肉、鶏肉をくり返し、その間にレバーや牛肉の料理を時々作る。
値段のせいもありますが、調理のしやすさと、うまみがよく出て、
季節の野菜と合わせやすいので、ついつい手にとってしまいます。
レシピには、撮影時に使った部位などを書きましたが、特に決めごとはありません。
好みのものを使ってください。いずれも火を通しすぎないことです。
焼きすぎ、蒸しすぎは禁物。
芯がまだ生ならやり直せますが、過ぎてしまったら、
うまみは流れ出てしまうので注意です。

肉の主菜で
ある日の晩ごはん

鶏南蛮（p.21）と塩むすび、
じゃがいもとわかめのみそ汁。
塩むすびに、鶏南蛮の卵ソースを
のせて食べてもおいしい。

豚のしょうが焼き

材料（2人分）
豚ロース肉（しょうが焼き用）── 6枚
A ┌ しょうが（すりおろす）── 1かけ
　 └ しょうゆ、砂糖、酒
　　　── 各大さじ1½
片栗粉 ── 適量
サラダ油 ── 大さじ1
レタス、きゅうり、
　カラーピーマン（赤、オレンジ、黄）、
　マヨネーズ ── 各適量

作り方
1　野菜は食べやすく切り、水けをよくきって器に盛る。
2　フライパンにサラダ油を熱し、片栗粉を薄くまぶした豚肉の両面を中火でカリッと焼き、合わせたAをからめる。アツアツを1にのせ、マヨネーズを細く絞る。

メモ　しょうが焼きは、野菜をつけ合わせたり、野菜と一緒に炒めたりと、いろいろな作り方をしますが、マヨネーズとの組み合わせは、ごはんも野菜もモリモリ食べられます。ポイントは、肉に片栗粉をまぶすこと。味がよくからんでくれます。

豚肉のケチャップピカタ

材料（2人分）
- 豚ロース肉（しょうが焼き用）── 6枚
- 卵 ── 小さめ2個
- ケチャップ ── 小さじ2
- 塩、こしょう ── 各少々
- 小麦粉 ── 適量
- サラダ油 ── 大さじ1
- プチトマト（半分に切る）── 6個

作り方

1　豚肉は塩、こしょうをふり、小麦粉をしっかりめにまぶす。卵は割りほぐし、ケチャップを混ぜる。

2　フライパンにサラダ油を熱し、豚肉を卵液にくぐらせて入れ、弱めの中火で両面をさっと焼く。卵液をからめて焼くのを卵液がなくなるまでくり返し（または、肉の上から卵液をかけても）、器に盛ってプチトマトを添える。

> **メモ**　卵のころもにケチャップを合わせて味つけします。ころもは何度かつけながら焼くか、肉を焼く間に上から流して、次第に厚くしていきます。卵がふっくらと焼ける頃には、肉にも火が通ります。

豚キムチ

材料（2人分）
豚バラ薄切り肉 —— 150g（約6枚）
白菜キムチ —— 100g
長ねぎ —— ½本
にら —— ¼束
ナンプラー（またはしょうゆ）—— 少々
ごま油 —— 小さじ2

作り方
1　豚肉とキムチはひと口大に切る。長ねぎは1cm幅の斜め切りに、にらは3cm長さに切る。
2　フライパンにごま油を熱し、豚肉、長ねぎの順に中火で炒め、全体に火が通ったらキムチを加えて炒め合わせ、ナンプラーで味を調える。にらを加え、ひと混ぜする。

メモ　キムチが浅漬けの場合は、さっぱりと。古漬けなら酸味が加わり、やや濃厚に。キムチの味、漬かり具合で、調味料を調整してください。ナンプラーはタイで使われる魚醤（ぎょしょう）ですが、わが家では日本のしょうゆ、特に薄口しょうゆの代わりに使うことが多いです。魚から作るしょうゆですから、魚のうまみも加わるような気がするのです。ぜひこの機会に、ナンプラーに挑戦してください。

ナンプラー

豚肉の高菜炒め

材料（2人分）
豚薄切り肉（肩ロース）── 150g（約6枚）
A ｛ 塩 ── 少々
　　 酒 ── 大さじ1
高菜漬け ── 80g
ゆでたけのこ ── 中½本（100g）
しょうゆ（またはナンプラー）── 少々
サラダ油（または太白ごま油）── 大さじ1

作り方
1　豚肉は2cm幅に切り、Aをふる。高菜漬けは水に20分ほどつけ、塩けが少し残る程度に塩抜きをして細切りに、たけのこは薄切りにする。
2　フライパンにサラダ油を熱し、豚肉を中火で炒め、肉の色が変わったら高菜とたけのこを加えて炒め合わせ、しょうゆで味を調える。

メモ
小さい頃によく出かけた中華料理店で、必ず頼んでいた「豚高菜」。ごはんにのせても、中華麺にのせてもおいしくて、大好物でした。台所に立つようになってから、自分なりの豚高菜を作るようになり、今に至ります。思い出の味であり、好物は大人になっても好物のままなのです。味つけ高菜を使う場合は、塩抜きの必要はありません。

ポークチョップ

材料（2人分）

- 豚ロース肉（とんかつ用）── 2枚
- 玉ねぎ ── ½個
- ピーマン ── 1個
- プチトマト ── 5個
- A｛ケチャップ、水 ── 各大さじ2
   しょうゆ、砂糖 ── 各小さじ2
- 塩、こしょう ── 各少々
- 小麦粉 ── 適量
- オリーブ油 ── 大さじ1

作り方

1　豚肉は筋を切り（脂肪と赤身の間に包丁の先をさす）、塩、こしょうをふる。玉ねぎはくし形に切ってほぐし、ピーマンはヘタと種を除いて細切り、プチトマトは半分に切る。

2　フライパンにオリーブ油を熱し、小麦粉を薄くまぶした豚肉の両面を中火でこんがりと焼き、取り出す。

3　続けて玉ねぎ、ピーマンの順に炒め、しんなりしたらプチトマトとAを加えて煮立たせ、2を戻して軽く煮、とろみをつける。

> **メモ**　ケチャップの甘酸っぱさにしょうゆを合わせて、白飯に合う味つけにしました。レシピは厚切り肉ですが、しょうが焼き用の肉、薄切り肉でも作ってみてください。

豚肉のみそ漬け焼き

材料（2人分）
豚ロース肉（とんかつ用）—— 2枚
A｛ みそ、甘酒* —— 各大さじ1½
サラダ油 —— 小さじ2
白菜 —— 1枚
ししとう —— 6本
*甘酒の代わりに、みりんと酒各小さじ1でも

作り方
1　豚肉は筋を切る（左ページ参照）。ラップを2枚用意し、合わせたAの¼量、豚肉1枚ずつ、Aの¼量の順にのせてそれぞれ包み、冷蔵室でひと晩漬ける。
2　フライパンにサラダ油を熱し、みそを軽くぬぐった1をこがさないように弱めの中火でこんがりと焼き、ひと口大に切った白菜を肉の下に敷き、ふたをして蒸し焼きにする。あいたところで、ししとうを焼いて添える。

メモ　みそ床を作らずに、みそと肉をラップで1枚ずつ包むだけ。みそは辛め、甘め、どちらでもおいしい。こげやすいので、葉野菜を下に敷いて蒸し焼きにするのがコツです。また、甘酒は常備してあると便利。しょうゆと甘酒で漬けた鶏のから揚げ、豚のしょうが焼き、豚の角煮、肉じゃがなど、酒、砂糖、みりん同様に使えます。

豚肉と紅しょうがの天ぷら

材料（2〜3人分）
豚薄切り肉（肩ロース）── 200g（約8枚）
紅しょうが ── 約⅓カップ（50g）
- 卵 ── 小さめ1個
- 冷水 ── ¼カップ
- 小麦粉 ── ⅓カップ

揚げ油、大根おろし ── 各適量

作り方
1　卵は冷水と合わせて割りほぐし、小麦粉を加えてさっくりと混ぜる。
2　豚肉はひと口大に切り、汁けを軽くきった紅しょうがとともに1に加え、手で混ぜる。肉をひと口大に丸めながら中温（170℃）の揚げ油でカラリと揚げ、大根おろしを添えて食べる。

メモ　紅しょうがの味だけで食べる天ぷらです。ごはんもすすみますが、ビールのつまみにもおすすめです。これは甘酢しょうがではなく、紅しょうがが合います。紅しょうがの独特のパンチのある味が、揚げることでやわらぎ、豚のうまみとよく合うのです。

とんかつ

材料（2人分）
豚ロース肉（とんかつ用）── 2枚
市販の天ぷら粉 ── 大さじ3
塩、こしょう ── 各少々
パン粉、揚げ油、キャベツ（せん切り）、
　好みのソース ── 各適量

作り方
1　豚肉は筋を切って（脂肪と赤身の間に包丁の先をさす）塩、こしょうをふり、同量よりやや少なめの水で溶いた天ぷら粉、パン粉の順にころもをつける。
2　中温（170℃）の揚げ油でこんがりと揚げ、食べやすく切ってキャベツとともに器に盛り、ソースをかける。

メモ
20代の頃は、豚肉に塩、こしょうをするだけでは物足りず、ガーリックパウダーをふってみたりもしていました。最近では塩だけの味もよくなり、かえって肉のうまみが感じられておいしいと思います。ころもは小麦粉、溶き卵、パン粉の順につけるのが基本ですが、揚げる枚数が少ない時は、卵を割るのがもったいなくて、天ぷら粉で代用することが多くなりました。好みでレモンを絞ったり、からしをつけて食べます。

三枚肉の塩焼き

材料（2人分）
豚バラかたまり肉 —— 200g
A ｛ 塩 —— 小さじ⅓
　　 こしょう —— 少々
にんにく（薄切り）—— 1かけ
オリーブ油 —— 大さじ2
B ｛ みそ —— 大さじ1
　　 コチュジャン、豆板醤（トウバンジャン）—— 各少々
レタス（大きめに切る）、きゅうり（せん切り）、
　長ねぎ（せん切り）—— 各適量

作り方
1　フライパンにオリーブ油、にんにくを入れて弱めの中火にかけ、こんがり色づいたらキッチンペーパーにのせて油をきる（p.23参照）。油はボウルに移し、炒めものなどに使って。
2　豚肉は1.5cm厚さに切り、Aをふり、グリルパン（または焼き網）に並べて中火で両面をこんがりと焼く。野菜、混ぜたB、1を添え、レタスに包んで食べる。

メモ　脂が多い三枚肉（豚バラ肉）は、しっかり焼くと、うまみが出ておいしいものです。葉野菜や薬味野菜と合わせて食べるのが気に入っています。娘は、ごはんも一緒に包んで食べています。

三枚肉の煮もの

材料（2〜3人分）
豚バラかたまり肉 — 300g
大根 — ¼本
半熟ゆで卵 — 2個
砂糖、しょうゆ — 各大さじ3
酒 — 適量

作り方
1　豚肉はひと口大に切り、鍋に入れて肉の高さの半分までの酒、かぶるくらいの水を加えて中火にかけ、煮立ったら弱めの中火にして30〜40分ゆでる。そのままひと晩おき、脂が白く固まったら除く。
2　大根は皮をむいて大きめの乱切りにし、砂糖とともに1に加え、落としぶたをして弱めの中火でやわらかくなるまで20分ほど煮る。しょうゆを加えて煮詰めるようにして味を含ませ、火を止めてゆで卵を加え、そのまま冷まして味をなじませる。

メモ
豚肉だけを先にゆでて、白く固まった余分な脂を取り除くことで、あとから加える調味料が肉によくなじみます。除いた脂は、野菜炒めやチャーハンに使って。コクが出ておいしくなります。半熟ゆで卵は、卵を室温に戻し、水から10〜12分ゆでて作ります。

豚肉と白菜の重ね蒸し

材料（2〜3人分）
豚バラ薄切り肉 ― 180g（約8枚）
白菜 ― 小¼株
きくらげ（乾燥） ― 3〜4個
A ｛ 酒 ― 大さじ3
　　ごま油 ― 大さじ2
塩、しょうゆ ― 各少々
片栗粉 ― 小さじ2

作り方
1　豚肉は3cm幅に切る。白菜は5cm長さのそぎ切りに、きくらげは水に10〜20分つけて戻し、細切りにする。
2　厚手の鍋に白菜、豚肉の順に⅓量ずつ重ね、軽く塩をふり、残りも同じように重ね、Aを回しかけてふたをして火にかける。煮立ったら弱めの中火で10分ほど蒸し煮にし、しんなりしたら取り出して器に盛る。
3　煮汁の味をしょうゆで調え、倍量の水で溶いた片栗粉で軽くとろみをつける。きくらげを加えてさっと煮、2にかける。

メモ　白菜の水分だけで蒸し上げるので、ふたがしっかり閉まる厚手の鍋で作ります。豚肉の部位は問いませんが、個人的にはやや脂があったほうが、白菜の甘みと合う気がします。きくらげの代わりに干ししいたけでもいいし、しょうがのせん切りを合わせると、味がキリッとしまります。

豚肉の梅蒸し

材料（2〜3人分）
豚薄切り肉(肩ロース) —— 12枚(300g)
A ┌ 梅干し —— 大2個
　│ 青じそ(みじん切り) —— 10枚
　│ 長ねぎ(みじん切り) —— 10cm
　│ 酒 —— 大さじ1
　│ オイスターソース —— 小さじ1
　└ みりん —— 少々
万能ねぎ(小口切り) —— 適量

作り方
1　梅干しは種を除いて包丁で細かくたたき、その他のAの材料と混ぜる。
2　豚肉にAを塗っては肉を重ねるのを6枚分くり返し、これをもう1組作って耐熱皿にのせ、蒸気の上がった蒸し器に入れて中火で6〜7分蒸す。食べやすく切って器に盛り、蒸し汁をかけ、万能ねぎを散らす。

メモ　蒸し上がると、皿に肉汁がたまるので、その汁も一緒に盛りつけ、肉にからめながら食べてください。たっぷりと出た時には鍋に移し、水溶き片栗粉でとろみをつけて、かけてもいいですね。肉の重ね方は、お好みで。1枚をくるくる巻いてもいいし、折りたたんでも。薄切りにしたかぼちゃやズッキーニを、梅だれと一緒にはさむのもおすすめです。

鶏のから揚げ

材料（2人分）
鶏もも肉 ── 小2枚
A ┌ にんにくじょうゆ ── 大さじ1
　└ 酢 ── 小さじ1
小麦粉 ── 大さじ2〜3
揚げ油、レモン ── 各適量

作り方
1　鶏肉はひと口大に切り、Aとともにポリ袋に入れてもみ、空気を抜いて口をしばって10分ほどおく。
2　1に小麦粉を薄くまぶし、中温（170℃）の揚げ油でこんがりと揚げ、レモンを添える。

> **メモ**
> から揚げの味つけにはいろいろありますが、いちばんラクチンでついやってしまうのが、にんにくじょうゆ。これを覚えて以来、わが家ではにんにくじょうゆが欠かせません。今回は酢を加えて。味つけというより、肉をやわらかくしてくれるようです。何にでも酢を加える、これも最近のお気に入り。にんにくじょうゆは、にんにく数かけをびんに入れ、しょうゆを注げばでき上がり。冷蔵室で保存し、日持ちは約3か月。

にんにくじょうゆ

鶏南蛮

材料（2人分）
鶏むね肉 —— 小2枚
A ┌ 卵 —— 1個
　└ 小麦粉、片栗粉 —— 各大さじ2
塩、粗びき黒こしょう —— 各少々
揚げ油 —— 適量
B ┌ ゆで卵（みじん切り） —— 2個
　│ マヨネーズ —— 大さじ2
　└ パセリ（みじん切り） —— 少々

作り方
1　鶏肉は皮を除き、厚みのある部分に包丁を入れて広げ、全体に切り目を入れて厚みを均一にし、塩、黒こしょうをふる。
2　ボウルにAを入れて混ぜ、1を加えて手でもみ込むようにしてころもをつけ、中温（170℃）の揚げ油で触りすぎないようにしながら両面をじっくり揚げる。
3　食べやすく切って器に盛り、Bを混ぜた卵ソースをたっぷりとかける。

> **メモ**　ころもに卵、ソースにも卵という、卵づくしのから揚げです。ころもには小麦粉と片栗粉の両方を使い、フワッとカリッと。白身の状態によっては、かたく感じることがありますが、その時は水を少し加えて。肉は、厚みを均一にするように切り目を入れて広げると、揚げやすく、ころもがたっぷりついて、ころもごちそうとなります。

鶏の照り焼き

材料（2人分）
鶏もも肉 —— 小2枚
A ┌ みりん、しょうゆ —— 各大さじ2
　├ 砂糖 —— 小さじ2
　└ 水 —— 1/4カップ
塩 —— 少々
サラダ油 —— 大さじ1
エリンギ —— 大1本

作り方
1　鶏肉は塩をふる。フライパンにサラダ油を熱し、中火で皮目から両面をこんがりと焼き、食べやすく切ったエリンギを加え、ふたをして蒸し焼きにする。肉に火が通ったら、鶏肉とエリンギを取り出す。
2　1のフライパンにみりんを入れて煮立たせ、残りのAを加えてとろみが出るまで煮詰め、鶏肉を戻してからめる。食べやすく切ってエリンギとともに器に盛り、残ったソースをかける。

メモ
照り焼きソースの基本は、しょうゆとみりん。わが家はやや甘めが好きなので、砂糖も合わせて作ります。ソースができ上がったら、フライパンは火からおろしておくこと。余熱で煮詰まりすぎて、こがしてしまうことたびたび。注意です。

チキンソテー

材料（2人分）
鶏もも肉 —— 小2枚
A ｛ 塩 —— 小さじ1
　　こしょう —— 少々
にんにく —— 1かけ
オリーブ油 —— 大さじ2
レモン、クレソン、
　フレンチマスタード（あれば）—— 各適量

作り方

1　にんにくは薄切りにし、オリーブ油とともにフライパンに入れて弱めの中火にかけ、こんがり色づいたらキッチンペーパーにのせて油をきる。油はボウルに移し、炒めものなどに使って。

2　鶏肉はAをふり、1のフライパンに残った油で皮目から中火で焼き、7割ほど焼けたら裏返し、中まで火を通す。器に盛って1のにんにくチップを散らし、レモン、クレソン、マスタードを添える。

メモ　鶏肉は皮目から焼き、余分な脂が出てきたらキッチンペーパーでていねいにふきとると、皮がパリッと仕上がります。肉がそり返ったりする場合は、ヘラなどで押しつけながら焼いて。塩、こしょうだけのシンプルな味に、レモンとマスタードの酸味がよく合います。

にんにくチップ

ささみの明太焼き

材料（2人分／4本）
鶏ささみ —— 4本
明太子 —— 大½腹（1本・50g）
A ｛ 卵黄 —— 1個分
　　酒 —— 少々

作り方
1　ささみは筋を除き、まん中に縦に1本切り目を入れて左右に開き、縦4等分に切った明太子をのせ、左右をたたんで明太子を包む。
2　合わせたAを表面に塗り、温めたオーブントースターで5分ほど焼き、再びAを塗っては2分焼くのを2回くり返す。食べやすく切って器に盛る。

メモ　明太子の味だけで、調味料いらずのおかず。ささみを開いて明太子をはさむだけなので、レシピを書くのもお恥ずかしいくらいですが、これがなんとも味わい深く、冷めてもおいしい。レシピではオーブントースターで焼いていますが、ほんの少しの油でフライパン焼きにしても。のりを巻いたり、パン粉をつけてフライにもします。

手羽先のはちみつ焼き

材料（2〜3人分）
鶏手羽先 —— 10本
A ┌ ナンプラー —— ¼カップ
　│ レモン汁 —— ½個分
　│ しょうが（すりおろす）—— 1かけ
　└ こしょう —— 少々
B ┌ はちみつ、しょうゆ
　└ 　　 各大さじ1½

作り方
1　手羽先は味がよくしみるように全体にフォークをさし、合わせたAに加え、時々返しながら冷蔵室で半日ほど漬ける。
2　1の汁けをきってオーブンシートを敷いた天板に並べ、200℃に温めたオーブンで10分ほど焼く。合わせたBを表面に塗っては5分焼くのを2〜3回くり返す。

メモ　骨つきの鶏もも肉や、豚のスペアリブでも作ります。仕上げに塗る、はちみつとしょうゆのこってりとした味が、白いごはんによく合います。

鶏肉とトマトのクリーム煮

材料（2～3人分）
- 鶏もも肉 —— 小2枚
- A ┤ 塩 —— 小さじ½
  └ こしょう —— 少々
- トマト（ざく切り）—— 2個
- 玉ねぎ（くし形切り）—— ½個
- にんにく（みじん切り）—— 1かけ
- ブランデー（あれば）—— 大さじ2
- 生クリーム —— 1カップ
- 塩、こしょう、しょうゆ —— 各少々
- オリーブ油 —— 大さじ2
- パセリ（みじん切り）—— 適量

作り方
1. 鶏肉はひと口大に切り、Aをもみ込む。
2. 鍋（または深めのフライパン）にオリーブ油、にんにくを入れて弱めの中火にかけ、薄く色づいたら玉ねぎを加えて中火で炒め、しんなりしたら鶏肉を加えてひと炒めする。ブランデーを加えて煮立たせ、ふたをして火が通るまで蒸し焼きにする。
3. 生クリームを加えてとろみが出るまで煮詰め、塩、こしょうをふり、トマトとしょうゆを加えてひと煮する。器に盛り、パセリをふる。

メモ 肉や魚を蒸し焼きにする時や、臭みをとるのに日本酒やワインを使いますが、わが家ではブランデーもよく使います。やや甘みが加わるのが気に入っています。ない場合は他の酒で代用せずに、省いて作ってしまっていいですよ。

鶏もも肉の辛煮込み

材料（2〜3人分）
鶏骨つきもも肉（ぶつ切りのもの） — 2本
干ししいたけ — 3枚
A ┌ 長ねぎ（みじん切り） — ½本
　└ にんにく、しょうが（ともにみじん切り）
　　　　— 各1かけ
豆板醤（トウバンジャン） — 小さじ½
B ┌ 酒 — ¼カップ
　└ 砂糖 — 大さじ1
しょうゆ — 大さじ2
ごま油 — 大さじ1
片栗粉 — 小さじ1

作り方
1　干ししいたけは水1½カップにひと晩つけて戻し、食べやすく切る。戻し汁はとっておく。
2　鍋にごま油を熱し、豆板醤を弱火で炒め、香りが出たらAを加えて炒める。鶏肉、1（戻し汁も）、Bを加え、ふたをして弱めの中火で鶏肉がやわらかくなるまで20分ほど煮る。
3　しょうゆを加えて煮詰めるようにして味を含ませ、倍量の水で溶いた片栗粉を加えてとろみをつける。

メモ　鶏肉をとろとろにやわらかく、骨離れがいいくらいに煮込みます。鶏としいたけのだしがよく出て、あんもまたおいしい。手羽先や手羽元でも、ぜひ作ってください。野菜は、薬味野菜以外は干ししいたけのみ。いろいろ入れて煮込むより、ここは肉だけのほうがおいしいと思います。

鶏レバーのカレーソテー

材料（2人分）
鶏レバー —— 150g
A ┌ 塩 —— 小さじ½
　├ こしょう —— 少々
　└ カレー粉 —— 小さじ1弱
じゃがいも —— 1個
小麦粉 —— 適量
オリーブ油 —— 大さじ1

作り方

1　レバーは流水で洗い、氷水に10分ほどつけ、血合いや汚れを除く。水けをふいてひと口大に切り、Aをふって小麦粉をまぶす。じゃがいもは皮をむき、1cm厚さの輪切りにする。

2　フライパンにオリーブ油を熱し、じゃがいもを弱めの中火でじっくり焼き、火が通ってこんがりしたらレバーを加え、火が通るまで炒め合わせる。

メモ　カレーの風味をつけると、レバーが食べやすくなります。カリッと焼いたじゃがいもとの相性も抜群。レバーの下処理は、ここでは氷水につけていますが、牛乳につけて臭みをとる方法もあります。レバーは焼きすぎるとかたくなるので、箸ではさんでみて、しっかりと固まっていたら火は通っています。ふにゃりとやわらかかったら、まだ中は赤い生の状態、注意します。

鶏肉となすのザーサイ蒸し

材料（2～3人分）
鶏もも肉 — 1枚
A ┌ 塩 — 小さじ1
　└ 酒 — 大さじ1
なす — 3本
味つきザーサイ（びん詰）
　— ½びん弱（40g）
片栗粉 — 大さじ1
塩 — 小さじ¼

作り方
1　鶏肉はひと口大に切ってAをもみ込み、片栗粉をまぶす。なすはヘタを落として皮をむき、小さめの乱切りにし、水に5分ほどさらす。ザーサイは粗みじんに切る。
2　なすの水けをきって塩をまぶし、耐熱容器に入れ、鶏肉をのせてザーサイを散らす。蒸気の上がった蒸し器に入れて中火で7～8分蒸し、全体を軽く混ぜる。

メモ
鶏肉に片栗粉をまぶすことで、しっとりと蒸し上がります。鶏のだし、ザーサイの味が、なすにしみておいしい。電子レンジを使う場合は、ラップをふんわりとかけて500Wで7～8分加熱してください。なすの皮は蒸すと色が抜けてしまうので、ここではむきましたが、むかなくてもおいしくできます。むいた皮は、せん切りにして塩をまぶし、ぎゅっと絞って漬けものにします。

鶏つくね

材料（2〜3人分／10個）

- A
  - 鶏ひき肉 —— 300g
  - 長ねぎ（みじん切り）—— 15cm
  - 卵白 —— 1個分
  - しょうゆ、砂糖 —— 各小さじ1
  - 塩 —— 少々
  - 片栗粉 —— 大さじ1
- B
  - しょうゆ、みりん、酒、水 —— 各大さじ1
- サラダ油 —— 小さじ2
- 卵黄 —— 1個分

作り方

1　ボウルにAを入れて手でよく練り混ぜ、10等分して木の葉形にまとめる。フライパンにサラダ油を熱し、中火で全体に焼き色をつけ、ふたをして蒸し焼きにして中まで火を通し、取り出す。

2　1のフライパンにBを入れて煮立たせ、つくねを戻してからめる。好みで卵黄をつけながら食べる。

> **メモ**　ふんわりさせるためのつなぎを入れず、肉の味、歯ざわりをしっかり味わえるつくねにしました。甘辛い味と卵黄のねっとりとしたコクで、白いごはんがすすみます。好みで粉山椒、七味唐辛子をふって食べてもいいです。ピーマンの肉詰めなど、これ以降も登場する肉だねは、必ず味見をするのがポイント。煮たり、揚げたあとでは味の調整がきかないので、ほんの少し耐熱皿にとり、電子レンジでチンして確認します。そうすると、失敗がありません。

鶏ひきの親子煮

材料（2人分）
鶏ひき肉 —— 150g
玉ねぎ —— ½個
卵 —— 2個
だし汁 —— 1カップ
A ┌ しょうゆ、みりん —— 各大さじ1½
　└ 砂糖 —— 小さじ1
みつば —— ¼束

作り方
1　玉ねぎは薄切りにし、みつばは3cm長さに切る。
2　鍋にだし汁、ひき肉、玉ねぎを入れてひき肉をほぐしながら火にかけ、煮立ったらアクをとり、Aを加えて味がなじむまで5分ほど煮る。
3　溶いた卵を流して好みのかたさに火を通し、みつばを散らして火を止める。

メモ　娘が小さい時によく作ったおかずです。ひき肉なので、卵とよくなじみます。野菜は玉ねぎにしましたが、長ねぎや万能ねぎ、九条ねぎなどで作ると、また風味がよく、おいしいです。

ピーマンの肉詰め

材料（2～3人分／6個）

- A
  - 合びき肉 ── 120g
  - 卵 ── 1個
  - パン粉 ── 大さじ2
  - 塩、こしょう、しょうゆ ── 各少々
- ピーマン ── 3個
- 小麦粉 ── 適量
- サラダ油 ── 小さじ2
- B
  - 砂糖、しょうゆ、片栗粉 ── 各小さじ1
  - 水 ── 1/3カップ

作り方

1　ボウルにAを入れ、手で練り混ぜる。
2　ピーマンは半分に切ってヘタと種を除き、内側に小麦粉をふり、1を6等分して詰める。フライパンにサラダ油を熱し、弱めの中火で肉のほうから焼き、裏返して中まで火を通し、器に盛る。
3　鍋にBを入れて混ぜながら中火にかけ、透明感が出てとろみがついたら、2にかける。

メモ　ピーマンをやわらかく仕上げたい時は、肉だねの面を焼きつけたら、ふたをして蒸し焼きに。シャキッと仕上げたい場合は、ふたはせずにじっくり両面を焼いて、肉に火を通します。肉に竹串をさして、澄んだ汁が出れば焼き上がり。レシピではあんをかけましたが、中濃ソースをつけて食べてもおいしい。

ロールキャベツ

材料（2人分／4個）

- A
  - 鶏ひき肉 ── 100g
  - ベーコン（粗みじん切り）── 2枚
  - 玉ねぎ（粗みじん切り）── 1/4個
  - 長いも（あれば）── 1cm
  - 塩、こしょう ── 各少々
- キャベツ ── 大4枚
- 固形スープの素 ── 1/2個
- 塩 ── 少々

作り方

1　長いもはよく洗って皮つきのまますりおろし、その他のAの材料とともにボウルに入れ、手でよく練り混ぜる。

2　キャベツは熱湯でさっとゆで、粗熱をとり、芯は切り離してせん切りにする。

3　キャベツ1枚に肉だねと芯を1/4量ずつのせ、手前、左右、向こうの順にしっかりと巻き、鍋にきっちり詰めて入れる。スープの素とかぶるくらいの水を加えて弱火で20〜30分煮、塩で味を調える。

メモ

母が作るロールキャベツは、中身がベーコンだけ。ベーコンの塩けとうまみがキャベツにしみて、それもまたおいしかった思い出の味です。そんなこともあって、わが家の肉だねはベーコン入り。つなぎに長いもを少し入れると、ぐんとやわらかくなります。鍋にすきまがある時は、耐熱のコップなどを入れてキャベツがくずれないように。ケチャップをかけて食べてもおいしいし、トマトやミルク、カレーを合わせた味のスープにするのもおすすめです。

揚げ肉団子

材料（2～3人分）
A ┌ 豚ひき肉 ── 300g
　│ かに缶（缶汁ごと）
　│ 　── 大1缶（150g）
　│ 長ねぎ ── ½本
　│ 卵 ── 1個
　│ 塩 ── 小さじ¼
　│ しょうゆ ── 少々
　└ 片栗粉 ── 大さじ1
揚げ油 ── 適量

作り方
1　長ねぎは粗みじんに切り、その他のAの材料とともにボウルに入れ、手でよく練り混ぜる。
2　直径3～4cmに丸め、中温（170℃）の揚げ油でカラリと揚げる。

メモ　肉団子は、素揚げしたあと甘酢あんやきのこあんにからめたりもします。肉だねを丸める時は、手を水でぬらすか、スプーン2本を使って油に落としていきます。今回はかに缶を合わせましたが、ほたて缶や鮭水煮缶でもいいし、ひき肉とにんにく、しょうが、万能ねぎ、青じそなどの薬味野菜の組み合わせで作っても。シチューやトマト煮、鍋料理など、応用範囲も広がります。

れんこんのはさみ焼き

材料（2～3人分）

- A
  - 豚ひき肉 ── 300g
  - 玉ねぎ（粗みじん切り）── 1/4個
  - にんじん（粗みじん切り）── 1/4本
  - 万能ねぎ（小口切り）── 5本
  - 酒 ── 大さじ2
  - しょうゆ ── 小さじ1～2
  - 塩 ── 小さじ1/2
  - 片栗粉 ── 大さじ1
- れんこん ── 大1節（250g）
- 小麦粉 ── 適量
- サラダ油 ── 1/4カップ

作り方

1　ボウルにAを入れ、手でよく練り混ぜる。れんこんは皮つきのまま7～8mm厚さの輪切りにし、水に5分ほどさらし、水けをよくふく。

2　れんこんに小麦粉をふり、肉だねをたっぷりのせてもう1枚ではさみ、肉だねがはみ出さない程度に軽く押さえ、全体に小麦粉を薄くまぶす。

3　フライパンにサラダ油を熱し、2の両面を中火でじっくり揚げ焼きにする。

> **メモ**　肉だねには、きのこなどを入れることもあります。素揚げにしたり、天ぷらごろもやパン粉をつけて揚げても。夏場は、なすでも同様に作ります。これはそのまま食べますが、肉だねの味つけを軽めにし、ポン酢じょうゆやおろしじょうゆで食べてもおいしいです。

ひき肉と春雨の炒めもの

材料（2人分）
豚ひき肉 — 80g
春雨（乾燥） — 100g
カラーピーマン（赤、オレンジ、黄色）
　— 合わせて2個
きくらげ（乾燥） — 3〜4個
しょうが — 1かけ
A ┌ ナンプラー（または薄口しょうゆ）
　│　　— 小さじ½
　└ 塩、こしょう — 各少々
ごま油 — 小さじ2

作り方
1　春雨はぬるま湯に15分ほどつけ、ややかために戻し、湯をきって食べやすく切る。
2　きくらげは水に10〜20分つけて戻して細切り、カラーピーマンはヘタと種を除いて細切り、しょうがはせん切りにする。
3　フライパンにごま油を熱し、ひき肉としょうがを中火で炒め、ポロポロにほぐれたら春雨、カラーピーマン、きくらげを加えて炒め合わせる。水大さじ3を加えて春雨のかたさを調整し、Aで味つけする。

メモ　春雨は緑豆のものを使うと、煮くずれることなく、ツルツルッとした食感が味わえます。ゆでずにぬるま湯で戻す程度にし、炒めながら水分を加えて、かたさを調整。最初からやわらかく戻すと、炒めるうちにベタッとなることがあり、こうすることにしました。味つけは、オイスターソースやしょうゆ味でも。私は、取り分けてからほんの少し酢をたらして食べるのも好きです。

れんこん入りひき肉の皿蒸し

材料（2人分）
A ┌ 豚ひき肉 ── 200g
　├ れんこん ── 小½節（80g）
　├ 長ねぎ（粗みじん切り）── 10cm
　├ 春雨（乾燥）── 30g
　├ 酒 ── 大さじ1
　├ しょうゆ ── 小さじ1
　├ 塩 ── 小さじ¼
　└ 片栗粉 ── 小さじ2
万能ねぎ（斜め薄切り）、練りがらし
　── 各適量

作り方
1　春雨は熱湯でさっとゆでて戻し、湯をきって2～3cm長さに切る。
2　れんこんは皮をむいて7～8mm角に切り、水に5分ほどさらし、水けをきる。
3　ボウルにAを入れて手でよく練り混ぜ、深めの耐熱皿に平らに詰め、蒸気の上がった蒸し器に入れて強火で7～8分蒸す。万能ねぎをのせ、好みでからしや酢じょうゆをつけて食べる。

メモ　シュウマイの中身を皮に包まず、蒸した料理とイメージしてください。器ごと蒸すので、見た目にも豪華で、アツアツをそのまま食卓に出せるところも気に入っています。

春巻き

材料（2〜3人分／10本）
豚ひき肉 — 120g
もやし — 1袋
ゆでたけのこ — 中½本（100g）
春雨（乾燥）— 50g
生しいたけ — 2枚
しょうが — 1かけ
A ┃ 鶏ガラスープの素 — 少々
　┃ 湯 — ½カップ
B ┃ オイスターソース、しょうゆ
　┃ 　— 各大さじ1
　┃ ナンプラー — 小さじ2
　┃ 塩 — 少々
ごま油 — 小さじ2
片栗粉 — 大さじ2
春巻きの皮 — 10枚
小麦粉、揚げ油、酢じょうゆ
　 — 各適量

作り方

1　春雨はぬるま湯に5分ほどつけて戻し、湯をきって食べやすく切る。もやしはできればひげ根をとり、たけのこは細切り、しいたけは薄切り、しょうがはせん切りにする。

2　フライパンにごま油を熱し、しょうが、ひき肉の順に中火で炒め、肉に火が通ったら野菜を加えてひと炒めし、春雨、Aを加えて炒め煮にする。Bで味つけし、倍量の水で溶いた片栗粉でかためにとろみをつけ、バットなどに広げて冷ます。

3　2を10等分して春巻きの皮にのせ(a)、手前、左右、向こうの順に空気を入れないようにきつめに包み(b)、巻き終わりを小麦粉を水少々で溶いたのりでしっかりとめる(c)。

4　中温（170℃）の揚げ油でこんがりと揚げ、好みで酢じょうゆ、からしをつけて食べる。

(a)　(b)　(c)

メモ　野菜と春雨がたっぷり入った春巻きです。生野菜を切って巻くのも手軽ですが、やっぱり手間をかけて具材を炒めて作ると、それだけでごはんのすすむごちそうになります。

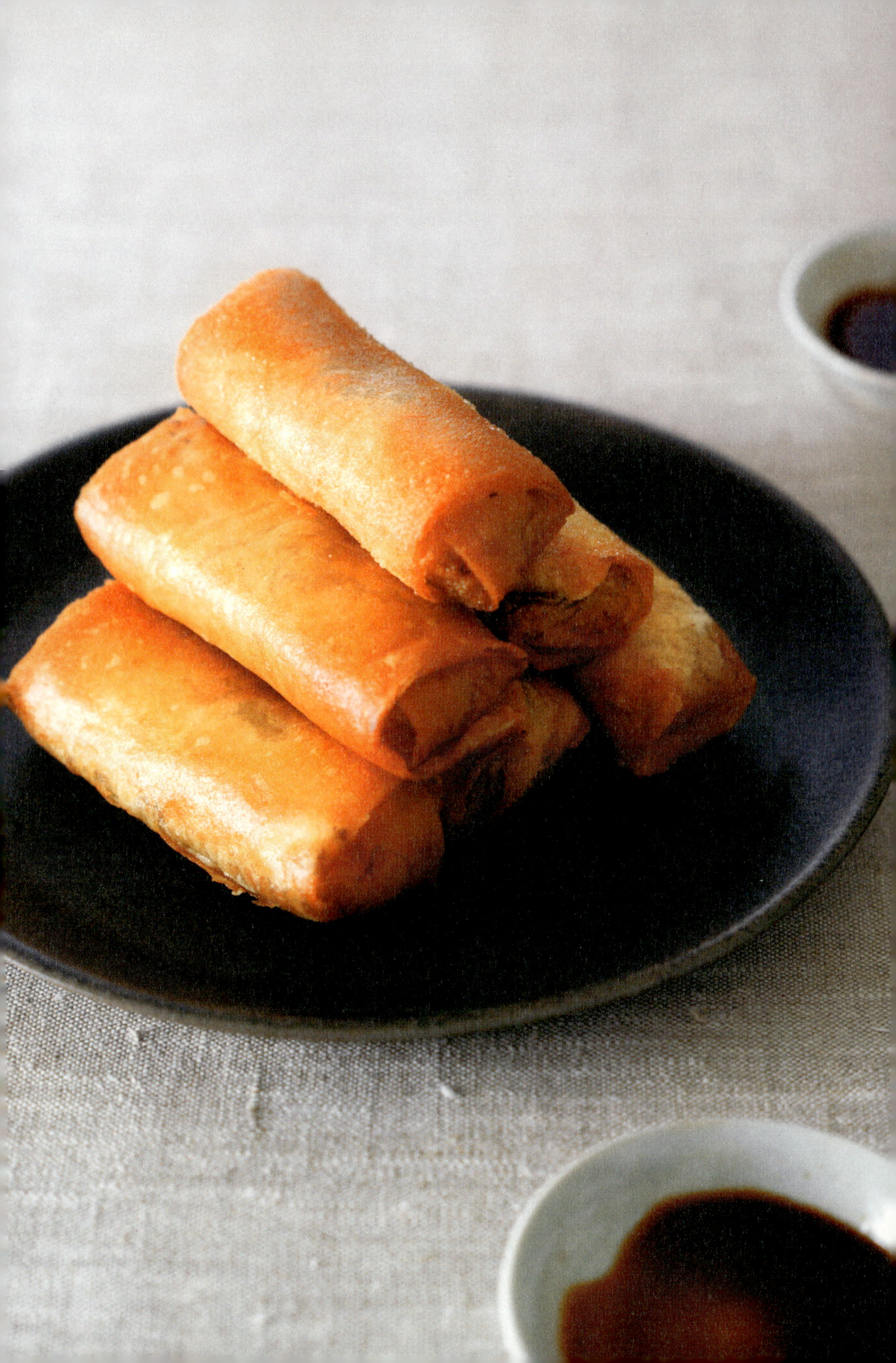

にんにく肉じゃが

材料（2〜3人分）
牛切り落とし肉 —— 200g
じゃがいも（ひと口大に切る）—— 4個
玉ねぎ（8等分のくし形切り）—— 2個
にんじん（ひと口大の乱切り）—— 1本
にんにくじょうゆ（p.20）の
　にんにく（またはにんにく）—— 2〜3かけ
砂糖、にんにくじょうゆ（p.20・またはしょうゆ）
　—— 各大さじ3
サラダ油 —— 大さじ1

作り方
1　牛肉は大きければひと口大に切り、室温に戻す。にんにくは半分に切る。
2　鍋にサラダ油を熱し、にんにく以外の野菜を中火で炒め、全体に油がなじんだらひたひたよりやや少なめの水を加え、にんにくと砂糖を加えて落としぶたをして煮る。
3　煮立ったら弱めの中火にし、じゃがいもがやわらかくなったら牛肉を広げてのせ、しょうゆを加えて時々鍋を揺すって煮詰めるようにして味を含ませる。煮汁が少なくなったら、そのまま冷まして味をなじませる。

メモ　肉じゃがににんにく風味をプラスすると、ごはんがすすむおかずになります。煮ている間は、決して箸やヘラで混ぜないこと。野菜がくずれてしまうので、鍋を揺すって煮汁を行き渡らせます。煮汁のしっかりしみたところ、そうでないところがあって、ちょうどいい味つけになると思います。

牛すき焼きプルコギ風

材料（2人分）
- 牛切り落とし肉 — 200g
- A
  - しょうゆ — 大さじ 2〜2 1/2
  - 酒 — 大さじ 2
  - 砂糖、はちみつ — 各大さじ 1
  - にんにく、しょうが（ともにすりおろす）— 各 1 かけ
- 豆もやし — 1袋
- 玉ねぎ — 1/2個
- にんじん — 1/3本
- にら — 1/4束
- ごま油、白すりごま — 各適量

作り方
1　牛肉は 2cm 幅に切り、Aをもみ込んで 15 分ほどおく。豆もやしはできればひげ根をとり、玉ねぎは薄切り、にんじんは皮をむいて細切り、にらは 4cm 長さに切る。

2　フライパンにごま油を熱し、牛肉、野菜の順に重ねて入れ、ふたをして弱めの中火で蒸し焼きにする。

3　野菜の水分が出たら、火を強めて混ぜ、全体に火が通って味がからんだら器に盛り、すりごまをたっぷりとふる。

> **メモ**　肉に甘辛い味をしっかりつけて、野菜と一緒に蒸し焼きにして、仕上げに混ぜるだけ。野菜は、好みのものをたっぷり使ってください。辛みがほしい時には、肉の味つけにコチュジャンや粉唐辛子を加えます。すき焼きのように、生卵にくぐらせて食べるのもおすすめです。

牛肉のごぼう巻き

材料（2人分／2本）
牛薄切り肉（すき焼き用）—— 4枚
ごぼう —— 15cm
にんじん —— 縦½本分
A ┌ しょうゆ、砂糖 —— 各大さじ1
　└ 酒 —— 大さじ2
牛脂 —— 1かけ（またはサラダ油小さじ1）

作り方
1　ごぼうはよく洗って皮つきのまま縦4等分に切り、酢少々（分量外）を加えた熱湯でやわらかくゆで、冷ます。にんじんは皮をむき、ごぼうの太さに合わせて切り、やわらかくゆでて冷ます。
2　牛肉は端を少し重ねるようにして2枚1組にし、手前側に1を2本ずつのせ、端を巻き込みながらくるくる巻く。
3　フライパンに牛脂を溶かし、2の巻き終わりを下にして入れ、全体に焼き色がついたらAをからめ、食べやすく切る。

> **メモ**　薄切り肉は、しゃぶしゃぶ用よりすき焼き用くらいの厚みと大きさがあるほうが、巻きやすいです。ごぼうだけを巻いてもいいし、にんじんを入れると、色合いもきれい。ごぼうと長いも、大根とにんじん、じゃがいもとセロリの組み合わせも、ぜひ作ってみてください。

牛肉、トマト、セロリのオイスター炒め

材料（2人分）
牛カルビ肉（焼き肉用）── 4枚
トマト ── 中2個
セロリ ── 1/3本
にんにく ── 1/2かけ
A ┌ オイスターソース ── 小さじ2
　├ しょうゆ ── 小さじ1/2
　└ 砂糖 ── 少々
塩、こしょう ── 各少々
サラダ油（または太白ごま油）── 小さじ2

作り方
1　牛肉は1cm幅に切り、塩、こしょうをふる。トマトは6等分のくし形、セロリは4cm長さの細切り、にんにくは薄切りにする。
2　フライパンにサラダ油を熱し、牛肉とにんにくを中火で炒め、肉の色が変わったらセロリ、トマトの順に加えてさっと炒め合わせ、Aで味つけする。

メモ
牛肉に火が通ったら、セロリとトマトはさっと炒め合わせるだけ。野菜と調味料をほぼ同時に入れてからめると、トマトもくずれません。この3つの素材に、オイスターソース味を合わせるのが定番。トマトがおいしい季節に、くり返し何度も作るおかずのひとつです。

牛タンのねぎ炒め

材料（2～3人分）
牛タン（薄切り）── 300g
長ねぎ ── ½本
万能ねぎ ── 4本
A ┃ 塩 ── 小さじ⅓
　┃ 粗びき黒こしょう ── 少々
　┃ 白すりごま ── 大さじ1
塩 ── 少々
ごま油 ── 小さじ2

作り方
1　牛タンは1枚ずつ広げ、塩をふる。長ねぎは粗みじんに切り、万能ねぎは小口切りにする。
2　フライパンにごま油を熱し、牛タンを中火で炒め、全体にほぼ火が通ったら長ねぎと万能ねぎを加えてひと炒めし、Aで味つけする。

> **メモ**　牛タンも手に入りやすくなり、焼き肉屋さんのタンのねぎ焼きが、家庭でも食べられるようになりました。うちではタンを1枚ずつ焼かずに、一気に炒めて、薬味ねぎをからめてしまいます。タンは火を通しすぎると、かたくなるので注意。好みでレモンを絞って食べてください。

牛肉と大根のステーキ

材料（2人分）
牛ステーキ用肉 ── 小2枚
大根 ── 8cm
A ｛ しょうゆ、みりん、赤ワイン
　　 ── 各大さじ1
だし汁、小麦粉 ── 各適量
塩、こしょう ── 各少々
牛脂 ── 1かけ（またはサラダ油小さじ1）
おろしわさび ── 少々

作り方
1　大根は皮をむいて2cm厚さの輪切りにし、だし汁でやわらかくなるまで煮、汁けをきる。牛肉は焼く15分前（冬は30分前）に冷蔵室から出しておく。
2　フライパンに牛脂を溶かし、小麦粉をまぶした大根を中火でこんがりと焼きつけ、器に盛る。続けて塩、こしょうをふった牛肉を入れ、好みの加減に焼いて取り出す。
3　2のフライパンにAを入れて少し煮詰め、牛肉を戻してからめ、大根の上にのせてわさびを添える。

メモ
だしをたっぷりと含んだ大根と、牛肉の味がよく合います。大根を生から焼いて合わせていたこともありますが、最近では大根は煮てほっくりとやわらかく、肉はしっかりかみごたえのあるようにして、組み合わせるのが好き。肉は薄切りよりも、ステーキか網焼き用くらいの厚さのもので作ってください。

おかずサラダ

牛肉とせん切り野菜のごまサラダ

材料（2〜3人分）
牛切り落とし肉 —— 150g
A ┃ しょうゆ、砂糖、酒
　　—— 各大さじ1
大根 —— 10cm
キャベツ —— 3枚
きゅうり —— 1本
にんじん —— 1/4本
玉ねぎ —— 1/8個
セロリ —— 5cm
サラダ油 —— 少々
白すりごま —— 適量

作り方
1　野菜はすべてせん切りにし、冷水につけてパリッとさせ、水けをよくきって器に盛る。牛肉はひと口大に切り、Aをからめる。
2　フライパンにサラダ油を熱し、牛肉を中火でさっと炒め、肉に火が通ったらアツアツを野菜にのせ、すりごまをふる。全体を混ぜて食べる。

メモ　アツアツの牛肉をせん切り野菜にのせてあえることで、野菜がしんなりして食べやすくなります。味つけは、肉にからめた甘辛い味のみです。

漬けまぐろとトマトのサラダ

材料（2人分）
まぐろの刺身 —— 小1さく（150g）
A ｛ しょうゆ、オリーブ油 —— 各大さじ2
トマト —— 中4〜5個
青じそ（せん切り）—— 適量

作り方
1　まぐろはひと口大に切り、Aであえて10分ほど漬ける。半分に切ったトマトを加えてさっと混ぜ、器に盛って青じそをのせる。

メモ
まぐろにトマトを合わせたら、水けが出るのですぐに盛りつけます。ごはんにのせてどんぶりにする時は、ごはんは酢めしにし、わさびを添えて。甘酢しょうがのせん切りを合わせることもあります。

豚しゃぶとゆでキャベツの梅味サラダ

材料（2〜3人分）
豚ロース肉（しゃぶしゃぶ用）—— 200g
キャベツ —— 4〜5枚
A ｛ 梅干し（たたく）—— 2個
　　 酢、砂糖 —— 各少々
　　 サラダ油（または太白ごま油）—— 大さじ1
焼きのり —— 全形1枚

作り方
1　豚肉とキャベツはひと口大に切り、熱湯でキャベツ、豚肉の順にさっとゆで、湯をきる。
2　ボウルにAを入れて混ぜ、1を加えて手でよくあえる。器に盛り、のりを手でもみながら散らす。

メモ
素材をゆでて、温かいうちに味をつけて食べます。豚肉は、沸騰したての湯ではなく、火を止めてひと息ついた熱湯にくぐらせると、しっとりとゆで上がります。

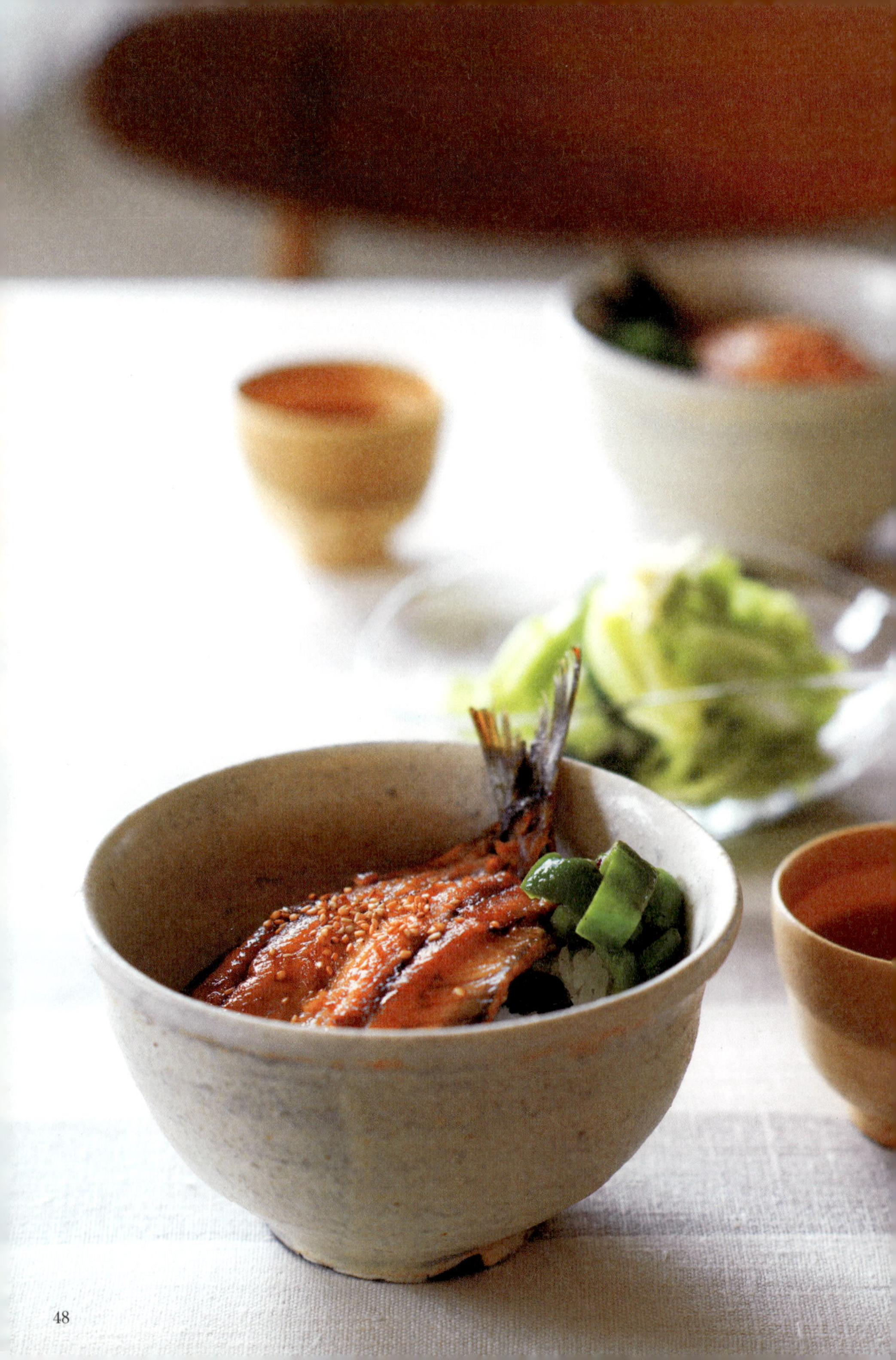

2章 魚で

魚介の調理の基本は、下処理です。
切り身魚にはひと塩して、余分な水けや臭みをとること。
えびは、必ず背ワタを除くこと。
刺身も、表面の水けをしっかりとってから調味料を合わせると、味がよくなじみます。
キッチンペーパーは、必需品。
調理する前に用意しておくことをおすすめします。
海辺に越してきてからは、ぐっと魚料理が増えました。
新鮮な魚には、あれこれ手をかけず、
シンプルに焼いたり、揚げたり。
どんな味で食べるかだけを考えています。

魚の主菜で
ある日の昼ごはん

ごはんにちぎった焼きのりを散らし、
いわしのかば焼き（p.54）をのせて
どんぶりに。キャベツときゅうり、
しょうがのせん切りを
塩もみにして添えて。

かじきのカレー炒め

材料（2人分）
かじきの切り身 — 2枚
カレー粉 — 小さじ1
パセリ（みじん切り） — 小さじ1
オリーブ油 — 大さじ1
片栗粉、キャベツ（せん切り） — 各適量

作り方
1　かじきはひと口大に切り、塩小さじ½（分量外）をふって10分ほどおき、水けをふく。
2　フライパンにオリーブ油を熱し、カレー粉、片栗粉の順にまぶした1を中火で炒め、火が通ったらパセリを加えてひと混ぜする。器に盛ったキャベツにのせ、キャベツと一緒に食べる。

メモ
かじきは、一年を通して出回っている魚です。淡泊な味で、どんな調味料にもよく合う。焼く、炒める、煮る、揚げる、ゆでる、蒸すと、どんな調理法も合う使いやすい魚です。しかも骨がないから、小さな子どもでも食べやすいのがうれしい。カレー炒めは、身がしっかりしている魚が合うので、鮭やさわらなどでも作ってみてください。

焼き魚の梅わさびソース

材料（2人分）
すずきの切り身 —— 2枚
A ┃ 梅干し（たたく）—— 2個
　┃ 青じそ（粗みじん切り）—— 10枚
　┃ 長ねぎ（みじん切り）—— 7〜8cm
　┃ 生わさび（せん切り）—— 2cm*
＊または、おろしわさび小さじ¼

作り方
1　すずきは塩少々（分量外）をふって10分ほどおき、水けをふく。
2　魚焼きグリル（または焼き網）で1の両面をこんがりと焼き、器に盛り、合わせたAを表面に塗る。

メモ
梅干しを毎年漬けているからか、やはり梅を使った料理が多くなります。梅干しの味によっては、みりんやしょうゆで味を調えます。この梅わさびソースは、肉料理にも合うし、ごはんにのせたり、おむすびの具にしたり。わかめとあえたり、かまぼこやはんぺんにつけたりして、お酒のつまみ作りにも役立ちます。魚は少量の油でフライパン焼きにしたり、または蒸してもいいですね。

白身魚のペペロンチーノ

材料（2人分）
鯛の切り身 —— 2枚
にんにく（つぶす）—— 1かけ
A ┌ アンチョビ（フィレ）—— 2〜3枚
　 └ 赤唐辛子（小口切り）—— ½本
パセリ（みじん切り）—— 小さじ1
オリーブ油 —— 大さじ2
菜の花の塩ゆで（あれば）—— 適量

作り方
1　鯛は塩小さじ½（分量外）をふって10分ほどおき、水けをふく。
2　フライパンにオリーブ油、にんにくを入れて弱めの中火にかけ、こんがり色づいたらにんにくを取り出す。続けて1を中火で皮目から焼き、7割ほど焼けたら裏返し、中まで火を通して器に盛る。
3　2のフライパンにAを入れて炒め、アンチョビが油となじんだら、パセリを混ぜる。これを2にかけ、菜の花を添える。

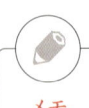

> **メモ**　白身魚ににんにくの風味、アンチョビの塩けを合わせて、白いごはんがすすむ味に仕上げます。アンチョビがない場合は、ほんの少しのしょうゆで香りづけを。かじき、さわら、たら、すずき、めだい、金目鯛などでも作ります。好みで取り出したにんにくを添え、ソースとからめて食べてください。

白身魚のバルサミコきのこソース

材料（2人分）
さわらの切り身 — 2枚
A ┌ えのきだけ — 小1袋
　├ しめじ — 小½パック
　├ エリンギ — 1本
　├ 生しいたけ — 2枚
　└ ごぼう — 5cm
にんにく — ½かけ
B ┌ バルサミコ酢 — 大さじ1〜2
　├ しょうゆ — 小さじ1
　└ 塩 — 少々
オリーブ油 — 大さじ2

作り方

1　さわらは塩少々（分量外）をふって10分ほどおき、水けをふく。A（ごぼうは皮つきのまま）はすべて5mm角に切る。

2　フライパンにオリーブ油、つぶしたにんにくを入れて弱めの中火にかけ、こんがり色づいたらにんにくを取り出す。Aを加えてしんなりするまで炒め、Bで味つけする。

3　フライパンにオリーブ油小さじ2（分量外）を熱し、さわらの両面を中火でじっくり焼き、器に盛って2をたっぷりとかける。

メモ　バルサミコでさっぱりと、しょうゆでごはんに合う味つけにしたソース。ごはんにのせても、焼き飯の具にもよし。焼いた肉にからめてもいいです。バルサミコがない時は、酢と少しの砂糖で代用します。

いわしのかば焼き

材料（2人分）
- いわし — 大2尾
- A ｛ しょうゆ、砂糖、みりん、酒 — 各大さじ1
- サラダ油 — 小さじ2
- ピーマン — 1個
- 小麦粉、白いりごま — 各適量

作り方
1　いわしは頭と腹ワタを除いて手開きにし、塩少々（分量外）をふって10分ほどおき、水けをふく。
2　フライパンにサラダ油を熱し、小麦粉をまぶした1の両面を中火で焼き、あいたところで食べやすく切ったピーマンをこんがりと炒め、それぞれ取り出す。
3　2のフライパンにAを入れて煮立たせ、いわしを戻してからめる。ピーマンとともに器に盛り、白ごまをふる。

> **メモ**　いわしの手開きをうなぎのかば焼きに見立てて、甘辛く焼きます。照り焼きは、素材にある程度脂がのっているほうが、おいしく感じます。ぶりや鮭などで作っても美味。漬けて焼くよりも、粉をまぶしてまず焼いてから味をからめたほうが、こがすことなく、粉の効果で味もよくしみておいしいです。

金目鯛のソテー しょうがザーサイ添え

材料（2人分）
金目鯛の切り身 ── 2枚
長ねぎ（粗みじん切り） ── 1/2本
しょうが（みじん切り） ── 1/2かけ
味つきザーサイ（びん詰・みじん切り）
　── 大さじ1
A｛ しょうゆ、酢 ── 各少々
サラダ油（または太白ごま油） ── 大さじ1

作り方
1　金目鯛は塩小さじ1/4（分量外）をふって10分ほどおき、水けをふく。
2　フライパンにサラダ油を熱し、1を中火で皮目から焼き、7割ほど焼けたら裏返し、中まで火を通して取り出す。
3　続けて長ねぎとしょうがを炒め、しんなりしたらザーサイを加えてひと炒めし、Aで味を調える。器に盛り、2をのせる。

メモ　薬味野菜にザーサイの味を合わせて、香りのよいソースを作ります。このソースだけでも、ごはんがすすむくらい。魚の種類は、特に問いません。手に入るもので試してみてください。

あじフライ ダブルソースがけ

材料(2人分)
- あじ(フライ用に開いたもの) — 4枚
- A { 小麦粉、水 — 各¼カップ
- パン粉、揚げ油 — 各適量
- B
  - ゆで卵(みじん切り) — 2個
  - ピクルス(みじん切り) — 小2本
  - 甘酢らっきょう(みじん切り) — 2〜3個
  - パセリ(みじん切り) — 小さじ1
  - マヨネーズ — 大さじ2
- キャベツ(ひと口大にちぎる)、好みのソース — 各適量

作り方
1 あじは塩少々をふって10分ほどおき、水けをふいてこしょうをふる(ともに分量外)。
2 1に混ぜたA、パン粉の順にころもをつけ、中温(170℃)の揚げ油でこんがりと揚げる。
3 キャベツとともに器に盛り、ソースをかけ、Bを混ぜたタルタルソースを添える。

メモ
私の住む町では、かますのフライも人気です。あじよりも身がやわらかく、ふんわりとした食感。もしも手に入ることがあったら、一度お試しを。あじのほかに生鮭、かじき、白身魚で作っても、タルタルソースとよく合います。

揚げ魚ののりあんかけ

材料（2人分）
めだいの切り身（またはたら、かじきなど）
　── 2枚
片栗粉、揚げ油 ── 各適量
　｛ 焼きのり ── 全形2枚
　　 だし汁 ── ½カップ
　　 薄口しょうゆ ── 小さじ½〜1

作り方
1　めだいは骨を除いてひと口大に切り、塩小さじ½（分量外）をふって10分ほどおき、水けをふく。
2　1に片栗粉をまぶし、中温（170℃）の揚げ油でカラリと揚げる。
3　鍋にだし汁を入れて煮立たせ、のりをちぎって加え、弱めの中火でとろみがつくまで煮詰め、薄口しょうゆで薄めに味をつける。器に盛った2にかける。

メモ　のりあんの原点は、東京のあるお店でいただいたごはんのお供。薄味ののりのつくだ煮に、じゃこや梅、わさび、長ねぎ、しょうが、青じそなどの薬味がいっぱい入ったものでした。最後にいただくのりのつくだ煮と、炊きたてのごはんが食べたくて、よく出かけたものです。そののりのつくだ煮をわが家でも作るようになり、ごはんはもちろん、ゆでた野菜や肉、魚にかけて食べるうち、いつしか定番となりました。レシピは薬味なし。のりだけであんを作っていますが、好みの薬味を加えた味にも、ぜひ挑戦してほしいです。

鮭ときのこのバターじょうゆ炒め

材料（2人分）
- 甘塩鮭の切り身 — 2枚
- 酒 — 小さじ2
- エリンギ — 1本
- 生しいたけ — 2枚
- 万能ねぎ — 3本
- 小麦粉 — 適量
- しょうゆ — 少々
- バター — 小さじ2

作り方
1　鮭は骨を除いてひと口大に切り、酒をふって10分ほどおく。きのこは食べやすく切り、万能ねぎは2cm長さに切る。
2　鮭の汁けをふいて小麦粉をまぶし、バターを溶かしたフライパンに入れ、中火でこんがりと焼く。
3　きのこを加えて炒め合わせ、全体に火が通ったら香りづけ程度にしょうゆをたらし、万能ねぎを散らして火を止める。

メモ　甘塩鮭を使うので、味つけいらずのおかず。バターの風味に、しょうゆの香りを合わせます。鮭は先に酒をふりかけて少しおくと、生臭さがとれます。冷凍してあったものを使う時などは、特に酒の効果大です。

鮭のちゃんちゃん焼き

材料(2人分)
- 生鮭の切り身 —— 2枚
- キャベツ(大きめにちぎる) —— 4〜5枚
- もやし(ひげ根をとる) —— 1袋
- 玉ねぎ(1cm幅に切る) —— ½個
- にんじん(短冊切り) —— ¼本
- A
  - みそ —— ¼カップ
  - 砂糖 —— 大さじ3
  - みりん、酒 —— 各大さじ1
  - しょうゆ —— 少々
- サラダ油、バター —— 各大さじ1

作り方
1. 鮭は塩少々(分量外)をふって10分ほどおき、水けをふく。Aは混ぜておく。
2. フライパンにサラダ油を熱し、鮭を入れてバター、野菜をおおいかぶせるようにのせ、ふたをして中火で10分ほど蒸し焼きにする。
3. 野菜がしんなりしたら、Aを回しかけ、全体を混ぜながら食べる。

> **メモ**
> 切り身魚は必ず塩をふり、10分くらいおいて、余分な水けを出します。それをていねいにふくと、魚の臭みがとれて味がよくのります。みそだれには、好みでにんにくやしょうがなどの薬味を合わせたり、豆板醤(トウバンジャン)などの辛みをきかせてもおいしいです。

さばのみそ煮

材料（2人分）
さばの切り身 —— 2枚
長ねぎ —— ½本
ごぼう（太めのもの）—— 5cm
しょうが（薄切り）—— 1かけ
A ┌ しょうゆ、砂糖 —— 各大さじ½
　├ 酒 —— 大さじ2
　└ 水 —— ½カップ
みそ —— 大さじ1～1½

作り方
1　さばはキッチンペーパーで水けをふき、皮に×印の切り目を入れる。長ねぎは5cm長さに、ごぼうはよく洗って皮つきのまま縦4等分に切り、水に5分ほどさらす。
2　鍋（または深めのフライパン）にAを入れて煮立たせ、さばと野菜を加え、紙の落としぶた（オーブンシートを丸く切ってまん中に穴をあけたもの）をして弱めの中火で5～6分煮る。
3　全体に火が通ったら、長ねぎとごぼうを取り出し、みそを溶き、スプーンでさばに煮汁をかけながらとろみがつくまで煮る。

メモ
煮魚は、決して煮すぎないこと。せっかくのさばのうまみや脂がぬけて、パサついてしまいます。まず、しょうゆと砂糖で薄めに味つけし、あとでみそを加えることで、みその味がしっかりとさばにのってきます。木の落としぶたを使うと、魚の皮がはがれることが多く、紙ぶたで煮るようになりました。

さんまの梅山椒しょうが煮

材料（2人分）
さんま —— 2尾
A ┌ 梅干し —— 1個
　│ 市販の実山椒のつくだ煮
　│ 　（またはしょうゆ漬け） —— 大さじ1
　│ しょうが（せん切り） —— 大1かけ
　│ 昆布 —— 3cm
　│ 酢、しょうゆ、砂糖
　│ 　—— 各大さじ2
　└ 水 —— ½カップ

作り方
1　さんまは頭を落として4cm長さの筒状に切り、腹ワタを除き、さっと洗ってキッチンペーパーに立ててのせ、水けをきる。
2　鍋に1とAを入れて火にかけ、煮立ったら紙の落としぶた（左ページ参照）をし、時々鍋を揺すりながら弱めの中火で10分ほど煮る。煮汁が少なくなったら火を止め、そのまま冷まして味をなじませる。

メモ　いわしなどでも、この煮ものをよく作ります。薬味をたっぷりときかせるけれど、決して青魚の脂や香りを消すことなく、むしろ逃さないように煮上がります。腹ワタは、割り箸を使うとかき出しやすいです。

まぐろのステーキ ケッパートマトソース

材料（2～3人分）
- まぐろの刺身 —— 1さく（約250g）
- トマト（1cm角に切る）—— 1個
- 玉ねぎ（みじん切り）—— 1/4個
- にんにく（みじん切り）—— 1/2かけ
- ケッパー（細かく刻む）—— 大さじ1
- A ｛ しょうゆ —— 小さじ1/2
     白ワインビネガー —— 3～4滴
- オリーブ油 —— 大さじ1

作り方
1　まぐろは塩小さじ1/2（分量外）をふって10分ほどおき、水けをふく。

2　フライパンを何もひかずに熱し、1の周りを中火でさっと焼いて取り出す。

3　2のフライパンにオリーブ油、玉ねぎ、にんにくを入れて弱めの中火で炒め、香りが出たらトマトとケッパーを加えてさっと炒め合わせ、Aで味を調える。2を食べやすく切って器に盛り、ソースをたっぷりとかける。

> **メモ**　ケッパーは、フウチョウボクの花のつぼみを塩と酢で漬けたもの。印象はしゃれていますが、要は漬けもの。梅干しやザーサイ、高菜漬けと同じ感覚で、味出し素材として加えます。

刺身のナンプラー漬け

材料（2人分）
白身魚の刺身（ひらめ、鯛、すずきなど）
　── 1さく（120g）
A ┌ ナンプラー ── 小さじ1〜2
　│ レモン汁 ── 小さじ1
　│ しょうが（せん切り）── 1/2かけ
　└ 塩 ── 少々
玉ねぎ（あれば新玉ねぎ）── 1/4個

作り方
1　ボウルにAを合わせ、刺身を15分ほど漬ける。玉ねぎは薄切りにし、水に5分ほどさらし、水けをきる。
2　器に刺身を盛り、玉ねぎをのせる。

メモ　白身魚の刺身を漬けにする時は、色をつけたくないので、ナンプラーを使います。レモン汁を合わせれば、ぐっとエスニック風に。しょうがと玉ねぎの薬味を添えると、白飯がさらにすすみます。白身魚の代わりに、いかやほたてでも。薬味は白髪ねぎ、万能ねぎ、みつばなどでもいいし、香菜（シャンツァイ）や砕いたナッツを合わせると、さらにエスニックなひと皿になります。

トマトえびチリ

材料（2〜3人分）
- 殻つきえび（ブラックタイガーなど）——10尾
- トマト（8等分のくし形切り）——2個
- 玉ねぎ（みじん切り）——1/2個
- しょうが（みじん切り）——1かけ
- 豆板醤（トウバンジャン）——小さじ1/2
- A
  - 酢——1/4カップ
  - 砂糖——大さじ2
  - ナンプラー、しょうゆ——各小さじ2
  - 鶏ガラスープの素——小さじ1〜2
- 片栗粉——適量
- サラダ油——大さじ2

作り方
1. えびは殻をむいて尾を除き、背に軽く切り込みを入れて背ワタをとる。塩少々（分量外）で軽くもんで水洗いし、水けをふく。
2. 1に片栗粉をまぶし、サラダ油を熱したフライパンでこんがりと焼き、取り出す。
3. 続けてしょうがと豆板醤を弱火で炒め、香りが出たら玉ねぎを加え、透き通ってきたら水1 1/2カップ、Aを加えてひと煮する。倍量の水で溶いた片栗粉大さじ1でとろみをつけ、2とトマトを加えてひと煮する。

メモ 具のえびとトマトを食べたあと、残ったあんをごはんにとろりとかけて食べるのが好きです。だからこのレシピでは、あんが多めにでき上がります。

えび、ほたて、アスパラの炒めもの

材料（2人分）
殻つきえび（ブラックタイガーなど） — 6尾
ほたて貝柱（刺身用） — 2個
グリーンアスパラ — 1束（4〜5本）
アンチョビ（フィレ） — 2枚
塩、こしょう、片栗粉 — 各適量
サラダ油（または太白ごま油） — 小さじ2

作り方
1　えびは殻をむいて尾を除き、背ワタをとり、塩少々で軽くもんで水洗いし、水けをふいて食べやすく切る。ほたては食べやすく切り、キッチンペーパーにのせて水けをきる。アスパラは下1/3の皮をピーラーでむき、長めの斜め切りにする。
2　フライパンにサラダ油を熱し、片栗粉を薄くまぶしたえびとほたてを中火で焼き、こんがりしたらアスパラを加えて炒める。
3　色が鮮やかになったら、アンチョビを加えてつぶしながら炒め、塩、こしょうで味を調え、水少々を加えてひと炒めする。

> **メモ**　アンチョビがだしの役割をして、3つの素材をうまくつなぎ合わせてくれます。イタリアンに限らず、アンチョビを味出しとして使っていきたいですね。最後に水を少し加えるのは、えびとほたてにつけた片栗粉をしっとりさせるため。全体に薄くとろみがつきます。

いかと里いもの煮もの

材料（2〜3人分）
するめいか —— 大1ぱい
里いも —— 5〜6個
A ┃ だし汁 —— 4カップ
　┃ みりん、酒 —— 各½カップ
　┃ 砂糖 —— 大さじ2
しょうゆ —— 大さじ3〜4
ゆずの皮（せん切り・あれば） —— 適量

作り方
1　いかはワタごと足を引き抜き、胴は軟骨を除いてきれいに洗い、皮つきのまま1cm幅の輪切りにする。
2　里いもは皮をむき、1、Aとともに鍋に入れて中火にかけ、煮立ったら落としぶたをして弱めの中火で里いもに竹串がすっと通るくらいまで煮る。
3　しょうゆを加え、強めの中火で煮詰めるようにして味を含ませ、全体がこっくりと照りのあるしょうゆ色になったらでき上がり。器に盛り、ゆずの皮をのせる。

メモ
しょうゆ色が濃く出ていますが、決してしょっぱくはありません。煮汁をぐっと煮詰めた効果です。みりんと酒をたっぷり使うと、つややかに仕上がり、いかは長く煮てもかたくならず、里いもにいいだしがしみ込みます。足は焼くか、ゆでてサラダのトッピングにします。

あさりの卵とじ

材料（2人分）
あさりのむき身 —— 200g
長ねぎ —— 1本
卵 —— 2個
だし汁 —— 1カップ
A｛ 塩、薄口しょうゆ —— 各少々

作り方
1　あさりは薄い塩水（分量外）でふり洗いし、キッチンペーパーにのせて水けをきる。長ねぎは3〜4cm長さに切り、縦4等分に切る。
2　鍋に1、だし汁を入れて中火にかけ、煮立ったらアクをとり、Aで味つけする。
3　卵を割り入れ、ふたをして好みのかたさに火を通す。

メモ
あさりの身はふっくらと煮上げたいので、煮すぎず、短時間に仕上げます。あさりからも塩味が出るので、必ず味見をしてから味つけを。卵は溶いて回しかけてもよし、レシピのように目玉に落としてもよしで、お好きなように。ごはんにかけて、どんぶりにしてもいいです。好みで粉山椒や七味唐辛子をふって食べます。

ちくわ天のなめこおろしがけ

材料（2〜3人分）
ちくわ（斜め半分に切る） — 大3本
- 卵 — 小さめ1個
- 冷水 — 1/3カップ
- 小麦粉 — 1/2カップ

揚げ油 — 適量
- 大根 — 1/4本
- なめこ — 1袋
- せり — 6〜7本（またはみつば1/2束）
- 塩 — 小さじ1/4弱

作り方

1　なめことせりはそれぞれ熱湯でさっとゆで、せりは細かく刻んで水けを絞る。

2　大根は皮つきのまますりおろし、ざるに上げて水けを軽くきる。1、塩とともにボウルに入れ、よく混ぜる。

3　卵は冷水と合わせて割りほぐし、小麦粉を加えてさっくりと混ぜ、ちくわをくぐらせて中温（170℃）の揚げ油でカラリと揚げる。アツアツに2をかけて食べる。

メモ　なめこを加えることで、大根おろしがとろんとした食感になり、ちくわの天ぷらによくからみます。このなめこおろしに、納豆を合わせることもあります。なめこと納豆のダブルのねばねばで、ボリュームたっぷりのおかずになります。

じゃことブロッコリーのピリ辛炒め

材料（2〜3人分）
ちりめんじゃこ —— ½カップ
ブロッコリー —— 1株
赤唐辛子（小口切り）—— ½本
A ｛ 塩、しょうゆ —— 各少々
オリーブ油 —— 大さじ1

作り方
1　ブロッコリーは小房に分け、縦半分〜4等分に切り、茎も皮をむいてひと口大に切る。塩少々（分量外）を加えた熱湯で茎、房の順にやわらかめにゆで、湯をきる。
2　フライパンにオリーブ油、赤唐辛子を入れて弱火にかけ、辛みをじっくりと油に移し、1とじゃこを加えてさっと炒め、Aで味を調える。

メモ　じゃこはたっぷり入れて、じゃこの塩味とうまみでブロッコリーを食べます。ブロッコリーはやわらかめにゆで、じゃことからみやすいようにします。

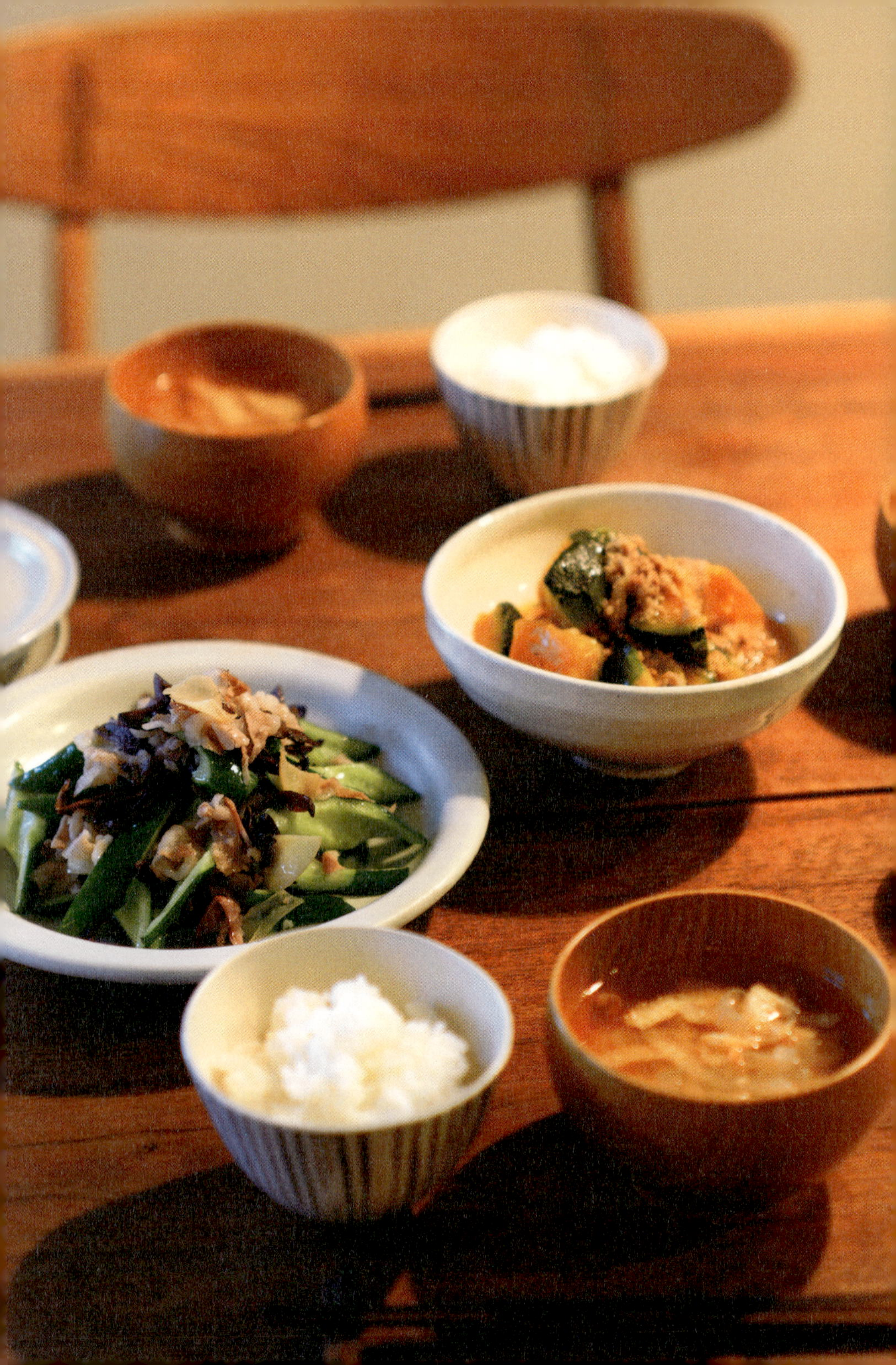

3章
野菜で

野菜をメインのおかずにしたい時は、
味出し、うまみ出しの素材が欠かせません。
肉や魚をほんの少しだけ味出しに使う。
おかかやじゃこ、練りもの、漬けものも、わが家では大活躍。
それらが入るだけで、野菜の味が引き出され、
野菜も、白いごはんもすすみます。
肉や魚のボリュームのあるおかずがなくても、
野菜だけの献立でも、家族は喜んで食べてくれます。

野菜の主菜で
ある日の晩ごはん

きゅうりと豚肉の炒めもの（p.76）、
かぼちゃのそぼろ煮（p.80）と、
油揚げとキャベツのみそ汁、
白いごはん。

キャベツとひき肉のみそ炒め

材料（2人分）
キャベツ —— 4〜5枚
豚ひき肉 —— 60g
長ねぎ —— 10cm
A ┃ みそ、砂糖、酒
　┃　　—— 各大さじ 1 ½
　┃ しょうゆ —— 少々
ごま油 —— 小さじ2

作り方
1　キャベツは4等分に切って3cm幅に切り、長ねぎは1cm幅の斜め切りにする。Aは混ぜておく。
2　フライパンにごま油を熱し、ひき肉を中火で炒め、ポロポロにほぐれて火が通ったら、野菜を加えて強火で一気に炒め合わせる。全体に火が通ったら、Aをからめる。

メモ　合わせみそをまず用意しておき、キャベツを炒めたら、ジャッと回しかけてからめるだけ。3分もあればでき上がる、スピードおかずです。短時間で作れるおかずは、決して手抜きではなく、その手順さえ効率よく進めれば、おいしさにもつながります。

キャベツ、卵、じゃこ炒め

材料（2人分）
キャベツ —— 4枚
卵 —— 2個
砂糖 —— 小さじ2
ちりめんじゃこ —— 大さじ1〜2
A 塩 —— 小さじ1/4
　 ナンプラー（または薄口しょうゆ）
　　 —— 少々
サラダ油 —— 大さじ1

作り方
1　キャベツは4〜5cm角に切る。卵は割りほぐし、砂糖を混ぜる。
2　フライパンにサラダ油を熱し、卵液を流して中火で大きくざっと混ぜ、半熟状になったら取り出す。
3　続けてキャベツを炒め、しんなりしたらAで味つけし、2とじゃこを加えてひと炒めする。

> **メモ**　キャベツには塩けがあって、卵はふんわり甘く、が好きです。そしてこのふたつをつなぐのが、うまみ出しのじゃこです。

なすの香味炒め

材料（2人分）
なす —— 3本
長ねぎ —— 5cm
にんにく、しょうが —— 各1かけ
A ┃ しょうゆ、砂糖 —— 各小さじ1
　 ┃ 塩 —— 小さじ¼
ごま油 —— 大さじ1

作り方
1　なすはヘタを落として縦8等分に切り、水に5分ほどさらし、水けをきる。長ねぎ、にんにく、しょうがはみじん切りにする。
2　フライパンにごま油を熱し、長ねぎ、にんにく、しょうがを弱火で炒め、香りが出たらなすを加えて中火で炒め合わせ、しんなりしたらAで味つけする。

> **メモ**　なすは、香味野菜と一緒に炒めることでうまみが加わって、これだけでもごはんのおかずになります。味つけは、オイスターソースやみそ味でも。なすはどんな調味料とも相性がいいので、旬の時季は毎日食べても飽きません。

なすのソース炒め

材料（2人分）
なす —— 3本
A ┌ 中濃ソース —— 大さじ1〜2
　└ 塩 —— 少々
サラダ油 —— 大さじ1

作り方
1　なすはヘタを落として7〜8mm幅の斜め切りにし、水に5分ほどさらし、水けをきる。
2　フライパンにサラダ油を熱し、1の両面を中火でこんがりと焼き、しんなりしたらAをからめる。

メモ
仕事仲間の方から教わった味。お父さまの得意料理で、「なすのかば焼き風」と呼ばれていたそうです。作ってみたら、わが家好みの味。あっというまに定番おかずになりました。なすの切り方は、細切りでも、縦半分に切って皮目に格子に切り込みを入れてもいいです。

きゅうりと豚肉の炒めもの

材料（2人分）
きゅうり —— 2本
豚切り落とし肉 —— 60g
きくらげ（乾燥）—— 2〜3個
しょうが —— ½かけ
A ┌ ナンプラー（または薄口しょうゆ）、塩、
　└ 粗びき黒こしょう —— 各少々
サラダ油（または太白ごま油）—— 小さじ2

作り方
1　きゅうりは縦半分に切り、種の部分をスプーンでかきとり、2cm幅の斜め切りにする。豚肉は細切り、きくらげは水に10〜20分つけて戻して細切り、しょうがは皮をむいて薄切りにする。
2　フライパンにサラダ油を熱し、豚肉、しょうがの順に中火で炒め、肉の色が変わったらきゅうりときくらげを加え、強火で手早く炒め合わせる。Aで味つけする。

> **メモ**
> 夫は最初、温かいきゅうりを前に「これは俺は食べられない」と言いました。きゅうりは冷たく食べるもの。温かいなんて考えられないと、頭で味を想像してしまったのでした。そう言われると燃える質です。きゅうりの皮をむき、種をとって炒めたら、「これってブロッコリーの芯？　おいしいね」って。きゅうりは種を除くと、水っぽさが出ずに、味をしっかりと含みます。手早く炒めるのもポイントです。

ピーマンとベーコン炒め

材料（2人分）
ピーマン —— 5個
ベーコン —— 1枚
A｛ 塩、しょうゆ —— 各少々
サラダ油 —— 小さじ2
削り節 —— 適量

作り方
1　ピーマンはヘタと種を除いて細切りに、ベーコンも細切りにする。
2　フライパンにサラダ油を熱し、1を中火で炒め、しんなりしたらAで味つけする。器に盛り、削り節をかける。

メモ　ピーマンはシャキッと歯ごたえを残しても、くったりするまで炒めても、どちらもそれぞれに味があって好きです。レシピでは、ベーコンとおかかを味出しとして使いましたが、ちりめんじゃこ、焼きのり、塩昆布などでもよく作ります。

ゴーヤの肉詰め

材料（2〜3人分）
ゴーヤ —— 1本
A ┃ 合びき肉 —— 80g
　┃ 玉ねぎ（粗みじん切り）—— ¼個
　┃ 溶き卵 —— ½個分
　┃ 塩、しょうゆ —— 各少々
　┃ 片栗粉 —— 小さじ1
塩 —— 小さじ¼
サラダ油 —— 大さじ1
小麦粉、好みのソース —— 各適量

作り方

1　ゴーヤは1.5cm厚さの輪切りにし、種とワタを除き、塩をまぶして10分ほどおく。熱湯でさっとゆで、水にさらして水けをふく。

2　ボウルにAを入れて手で練り混ぜ、内側に小麦粉をふった1に等分して詰める。

3　フライパンにサラダ油を熱し、2の両面を中火でこんがりと焼き、ふたをして弱めの中火で5分ほど蒸し焼きにする。器に盛り、ソースをかける。

> **メモ**
> 好き嫌いのない娘も、ゴーヤはまだ苦手です。娘が食べる時には、塩をして、ゆでて、冷水にさらしてと、あらゆる方法で苦みをとります。ゴーヤを食べ慣れていれば、苦みをとる必要はありませんので、塩をまぶしてしばらくおいたら、水洗いして肉だねを詰めてください。肉だねに刻んだ砂肝やレバー2〜3個を加え、ゴーヤの苦みに負けないようにパンチをきかせてもおいしいです。

ズッキーニとツナのみそ炒め

材料（2〜3人分）
ズッキーニ —— 2本
ツナ缶（オイル漬け、水煮どちらでも）
　—— 小1缶（80g）
A ｛ みそ、砂糖、酒
　　　—— 各大さじ1½
塩 —— 少々
サラダ油 —— 大さじ1

作り方
1　ズッキーニは1cm厚さの輪切り（太い場合は半月切り）にする。Aは混ぜておく。
2　フライパンにサラダ油を熱し、ズッキーニを中火で炒め、油がなじんで火が通ったら塩をふる。ツナを缶汁ごと加えてひと炒めし、Aをからめる。

> **メモ**　ズッキーニはかぼちゃの仲間ですが、かぼちゃをイメージするより、なすのほうが近い感じがします。なすは油との相性が抜群、みそ味も合うので、ズッキーニも同様に。ツナがまたうまみをよく引き出してくれて、この組み合わせは、ほかにないほどいいコンビだと思うのです。

かぼちゃのそぼろ煮

材料（2〜3人分）
かぼちゃ —— ¼個
鶏ひき肉 —— 100g
しょうが —— 大1かけ
A
　みりん —— 大さじ2
　砂糖 —— 大さじ1〜2
　酒 —— 大さじ1
　しょうゆ —— 小さじ2
　塩 —— 小さじ1
　水 —— 1½カップ
片栗粉 —— 小さじ2

作り方
1　かぼちゃは種とワタを除き、皮をところどころむいてひと口大に切る。しょうがは皮をむき、みじん切りにする。
2　鍋にA、ひき肉を入れてひき肉をほぐしながら火にかけ、煮立ったらアクをていねいにとり、肉の色が変わったら1を加え、紙の落としぶた（p.60参照）をして弱めの中火で7〜8分煮る。
3　かぼちゃがやわらかくなったら、倍量の水で溶いた片栗粉でとろみをつける。

メモ
かぼちゃは、面とりはしません。この煮ものは多少煮くずれても、あんとからんで、それもまたおいしいと思います。味のポイントは、しょうが。鶏肉の臭み消しにもなりますが、かぼちゃの甘みをすっきりとまとめてくれ、ごはんのおかずになる味にしてくれます。かぼちゃによっては、煮汁がなくなってもやわらかくならない場合があります。その時は、水を少し足して煮てください。

じゃがいものチーズ炒め

材料（2人分）
じゃがいも —— 2個
にんにく —— 1かけ
ピザ用チーズ —— 50g
A ｛ 塩 —— 小さじ¼
　　粗びき黒こしょう —— 少々
オリーブ油 —— 大さじ2

作り方
1　じゃがいもは皮をむき、薄切りにする。
2　フライパンにオリーブ油、つぶしたにんにくを入れて弱めの中火にかけ、こんがり色づいたらにんにくを取り出す。
3　続けて1を広げるようにして入れ、中火で底面がこんがりと焼けたら裏返すのを何度かくり返し、全体が透き通るまで焼きつける。Aとにんにくを加え、チーズを散らし、からめるようにして炒め合わせる。

メモ　夏休みに友人家族が泊まりにきた日の、朝ごはんの定番おかず。朝早くからプールや海で泳ぐので、子どもたちには、ちょっとボリュームのあるものを食べさせます。ベーコンやウインナを加えることもあるし、ケチャップで味つけすることも。目玉焼きに添えて出すと、あっというまに完食です。

大根、ツナ缶、ほたて缶の煮もの

材料（2〜3人分）
大根 —— 1本
ツナ缶（オイル漬け、水煮どちらでも）
　　—— 小1缶（80g）
ほたて貝柱缶 —— 小1缶（70g）
砂糖、しょうゆ —— 各大さじ2
大根の葉（小口切り）—— 1本分

作り方
1　大根は皮をむき、3cm厚さの輪切り（太い場合は半月切り）にする。
2　鍋に1、ツナ缶とほたて缶（ともに缶汁ごと）、ひたひたよりやや少なめの水、砂糖を入れてふたをして中火にかけ、煮立ったら弱めの中火にし、大根に竹串がすっと通るくらいまで煮る。
3　しょうゆを加え、火を少し強めて味を含ませ、大根があめ色になったらでき上がり。器に盛り、塩少々（分量外）をまぶして熱湯でさっとゆでた大根の葉をのせる。

メモ　大根の季節には、何度この煮ものを作るでしょうか。それくらいくり返し作って食べても、飽きない味です。ツナ缶とほたて缶は、どちらかひとつでもかまいません。どちらからもいいだしが出て、大根をおいしく煮上げてくれます。

干し大根と豚肉炒め

材料（2人分）
大根 —— 15cm
豚バラ薄切り肉 —— 100g（約4枚）
塩 —— 小さじ¼〜⅓
サラダ油（または太白ごま油）—— 小さじ2

作り方
1　大根は皮つきのまま5cm長さ×1cm角の棒状に切り、ざるに広げて天日で2〜3時間干す。豚肉は2cm幅に切る。
2　フライパンにサラダ油を熱し、豚肉を中火で炒め、肉に火が通ったら干した大根を加え、全体に油がなじんだら塩で味つけする。

> **メモ**　大根は芯まで干さず、中には水分が残っている状態、表面が乾いてややしわが寄るくらいにします。これで大根の甘みがぐっと引き立ちます。切り方はいちょう切りや短冊など、好きな形で。しょうゆ味も合いますが、レシピではあえて塩のみで調味。こんなふうに見た目が白っぽいおかずでも、ごはんがすすみます。

きのこのサワークリーム煮

材料（2人分）
しめじ —— 小1パック
エリンギ —— 大1本
生しいたけ —— 4枚
ベーコン —— 1枚
サワークリーム —— 1/4カップ
塩 —— 小さじ1/3
みそ —— 小さじ1
オリーブ油 —— 大さじ1

作り方
1　しめじは石づきをとってほぐし、エリンギとしいたけは食べやすく切る。ベーコンは細切りにする。
2　フライパンにオリーブ油を熱し、1を中火で炒め、しんなりしたら塩をふる。
3　サワークリームを加え、弱めの中火で少しとろみがつくまで煮詰め、最後にみそを溶く。

サワークリーム

メモ　サワークリームの酸味が、きのこによく合います。煮詰めることでとろみもつき、最後に合わせるみそが隠し味となって、さらにコクが出ます。サワークリームは、生クリームを乳酸菌で発酵させたもの。さわやかな酸味とコクがあります。生クリームで代用してもいいです。

かぶの梅おかか炒め

材料（2〜3人分）
かぶ（葉つき）── 大3個
A ┃ 塩 ── 小さじ¼
　 ┃ 薄口しょうゆ ── 少々
　 ┃ 梅干し（たたく）── 大1個
　 ┃ 削り節 ── ½袋（2.5g）
サラダ油（または太白ごま油）── 小さじ2
白いりごま ── 適量

作り方
1　かぶは皮つきのまま縦半分に切り、5mm厚さに切る。葉は3cm長さに切る。
2　フライパンにサラダ油を熱し、1を中火で炒め、葉がしんなりしたらAを順に加えて味つけする。器に盛り、白ごまをふる。

メモ　梅とおかかが、味のポイント。かぶは炒めると、ほっくりとやわらかくなり、たっぷり食べられます。かぶとアンチョビの組み合わせもおすすめです。

ごぼうのごま煮

材料（2〜3人分）
ごぼう —— 2本
だし汁 —— 5カップ
砂糖、しょうゆ —— 各大さじ1½
A ｛ 白練りごま —— 大さじ1〜2
　　白いりごま —— 大さじ1

作り方
1　ごぼうは洗って皮つきのまま4cm長さに切り、水に10分ほどさらし、水けをきる。
2　鍋に1、かぶるくらいのだし汁、砂糖を入れ、ふたをして弱めの中火でごぼうがやわらかくなるまで煮る（だし汁が少なくなったら足しながら）。
3　しょうゆを加え、煮汁が半分くらいになるまで弱めの中火で煮、Aを加えて全体にからめながら3〜4分煮る。器に盛り、残った煮汁をかける。

メモ　ごぼうは竹串がすっと通るくらいまで煮たいので、だし汁は1ℓくらい用意しておくといいと思います。時間は30分から1時間くらいを目安に、様子を見ながら、じっくりと煮てください。

ナムル

材料（2〜3人分）
キャベツ —— 3枚
にんじん —— ½本
にら —— ½束
塩、にんにく（すりおろす）、ごま油、
　白いりごま、焼きのり（ちぎる）
　　—— 各適量
赤唐辛子（小口切り）、ナンプラー
　　—— 各少々

作り方
1　キャベツはひと口大にちぎり、にんじんは皮をむいて細切り、にらは4cm長さに切る。熱湯で順にさっとゆで、水けを軽く絞り、それぞれボウルに入れる。
2　キャベツは塩ふたつまみ、にんにく少々、ごま油小さじ½、白ごまであえる。にんじんは塩ふたつまみ、にんにく少々、ごま油小さじ½、赤唐辛子であえる。にらはナンプラー、ごま油少々、のりであえる。

メモ　ナムルにする野菜の種類は問いません。塩でもんで生のまま味をつけてもよし、さっとゆがいたり炒めたりして、味をつけてもよし。野菜によって調理法を変えます。ポイントは、手であえて味をつけること。手が味をよくなじませてくれます。

具だくさんとろろ

材料（2人分）
長いも（または大和いも）── 5～6cm（150g）
だし汁 ── ½～1カップ
A｛ 塩、薄口しょうゆ ── 各少々
きゅうり（薄い小口切り）── ½本
しょうが（せん切り）── 1かけ
みょうが（小口切り）── 1個
たくあん（せん切り）── 2cm
焼きのり（ちぎる）── 全形½枚

作り方
1　長いもは皮をむいてすり鉢ですりおろし、だし汁を少しずつ加えてのばし、Aで薄めに味つけする。
2　きゅうりは塩少々（分量外）をふってもみ、しょうが、みょうがと合わせて水けを絞る。
3　器に1を盛り、2、たくあん、のりをのせ、全体を混ぜて食べる。

メモ
とろろは長いもで作れば、ややあっさりとした口あたり。大和いもで作れば、粘りが強くていもの味も濃い。すり鉢があれば、ゆっくりと時間をかけてすりおろし、ない場合はおろし金でおろします。好みの薬味野菜や、漬けものをたっぷりとのせて。ほかに納豆やまぐろのぶつ切り、かまぼこ、しば漬けなども定番の具です。薬味と混ぜ、炊きたてのごはんにたっぷりとかけて食べます。

里いもと長ねぎの中華炒め

材料（2〜3人分）
里いも —— 4〜5個
A ┌ 鶏ガラスープの素
　│ 　　 —— 小さじ1〜2
　└ 湯 —— 2カップ
長ねぎ —— 1本
B ┌ ナンプラー（または薄口しょうゆ）
　│ 　　 —— 小さじ1
　└ 塩 —— 小さじ1/3
ごま油 —— 大さじ1

作り方
1　里いもは皮をむき、Aでやわらかくなるまで煮、1cm厚さの輪切りにする。長ねぎは粗みじんに切る。
2　フライパンにごま油を熱し、長ねぎを中火で炒め、しんなりしたら里いもを加えてさっと炒め合わせ、Bで味つけする。

メモ　里いもの粘りに、たっぷりの長ねぎがからんだ炒めもの。塩味、しょうゆ味、辛みそ味でもおいしい。里いもは、下ゆでしてだしを含ませておくと、味がしっかりとのります。

白菜とさつま揚げのさっと煮

材料（2人分）
白菜 — 小1/8株
さつま揚げ — 大1枚
だし汁 — 2カップ
A ｛ 薄口しょうゆ — 小さじ1
　　 塩 — 小さじ1/3
ゆずこしょう（あれば）— 少々

作り方
1　白菜は大きめのひと口大のそぎ切りに、さつま揚げは6等分のそぎ切りにする。
2　鍋に1とだし汁を入れて火にかけ、煮立ったら弱めの中火にし、全体がくったりするまで10分ほど煮る。
3　Aで味つけし、5分ほど煮て火を止め、そのまま冷まして味をなじませる。ゆずこしょうを添えて食べる。

メモ　さつま揚げからも、いいだしが出ます。油揚げや厚揚げ、ちくわと一緒に煮てもおいしいです。味つけをする時は、必ず味見をしてから。ゆずの皮のせん切りを添えて食べても合います。

もやしあん

材料（2人分）
もやし —— 1袋
わかめ（戻したもの）—— 50g
A ┌ 鶏ガラスープの素 —— 小さじ1
　├ 塩、しょうゆ —— 各少々
　└ 水 —— ¼カップ
ごま油 —— 小さじ1
片栗粉 —— 小さじ2

作り方
1　もやしはできればひげ根をとり、わかめは食べやすく切る。
2　フライパンにごま油を熱し、1を中火で炒め、全体に油がなじんだらAを加えてひと煮する。倍量の水で溶いた片栗粉でとろみをつける。

メモ　ごちそうが続くと、無性に食べたくなるのがこの料理。もやしはシャキシャキに仕上げ、味はとろみでまとわせる。好みで、ほんの少し酢をかけてもおいしいです。

おかず漬けもの

オイキムチ

材料（4～5人分）
きゅうり —— 3本
塩 —— 小さじ2
A ┌ にんじん（せん切り）—— 1/3本
　│ 大根（せん切り）
　│ 　—— 5cm長さ1/4本分
　│ しょうが（せん切り）—— 1かけ
　│ 赤唐辛子（小口切り）—— 2本
　│ 塩 —— 小さじ1
　└ ナンプラー（または薄口しょうゆ）
　　 　—— 小さじ1/2
青じそ —— 9枚

作り方
1　きゅうりは塩をまぶして板ずりし（まな板の上でごろごろ転がす）、20分ほどおく。しんなりしたら長さを3等分に切り、端を1cmほど残してまん中に切り込みを入れる。
2　Aは混ぜて10分ほどおき、しんなりしたら水けを絞る。これと青じそを1にはさむ。

メモ　サラダ感覚で食べられるように、たっぷりの刻み野菜をきゅうりにはさみました。保存はきかないので、作ったらその日のうちに食べてください。

↓ なすのにんにくじょうゆ漬け

材料（2〜3人分）
なす —— 2本
塩 —— 小さじ⅓
にんにくじょうゆ（p.20）—— 大さじ2
にんにくじょうゆ（p.20）のにんにく —— 1かけ

作り方
1 なすはヘタを落とし、7〜8mm厚さの輪切りにし、水に5分ほどさらす。塩をまぶして5分ほどおき、水けをしっかり絞る。
2 にんにくじょうゆ、薄切りにしたにんにくであえ、半日ほど漬ける。軽めの重し（皿など）をのせると、味がよくしみる。

> **メモ** にんにくじょうゆがない時は、にんにくを薄切りにし、しょうゆと合わせてひと晩おき、にんにくごとなすと混ぜて漬け込みます。冷蔵室で保存し、日持ちは約3日。

↑ オクラのキムチ風

材料（4〜5人分）
オクラ —— 16本
塩 —— 小さじ⅓
A ｛ しょうゆ —— 大さじ2
　　 ごま油 —— 大さじ1
　　 にんにく、しょうが（ともにすりおろす）—— 各1かけ
　　 粉唐辛子（赤唐辛子の小口切り）—— 小さじ½

作り方
1 オクラはガクの部分をむき、うぶ毛が気になるようなら塩少々（分量外）でこすって水洗いする。塩をまぶし、軽めの重しをのせてひと晩おく。
2 1の水けをふき、合わせたAであえ、軽めの重しをのせて半日ほど漬ける。

> **メモ** 食べる時に細かく刻んだり、ひと口大に切ったり、そのまま盛りつけて各自かじるというのもあり。納豆に混ぜたり、ゆでたこであえても、ごはんのおかずになります。冷蔵室で保存し、日持ちは約3日。

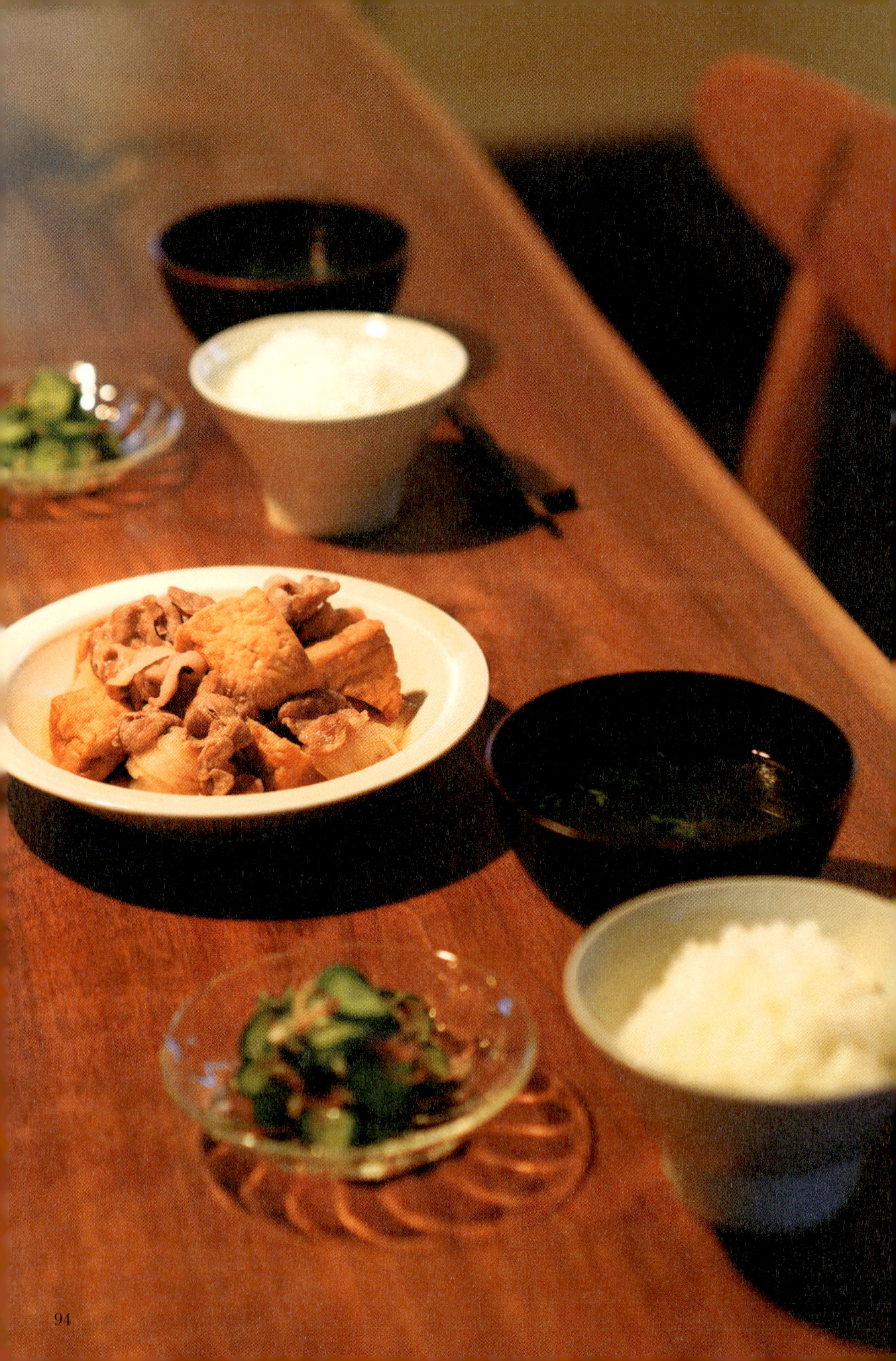

4章
豆腐・大豆製品で

豆腐や油揚げのおかずは、どうしても副菜になりがちですが、
ここでは甘辛味をしっかりと含ませた、
白いごはんに合うレシピをご紹介します。
豆腐は、特に木綿、絹ごしの指定はありません。
好みのものを使ってください。
油揚げや厚揚げは、味を含ませたい時には湯通しして油抜きを、
油揚げのだしを必要とするレシピでは、油抜きはなし。
これがわが家のやり方です。

大豆製品の主菜で
ある日の晩ごはん

厚揚げの肉豆腐(p.101)と、
とろろ昆布汁(梅干し、みつば入り)、
きゅうりとみょうがの即席漬け、
白いごはん。

にらたっぷりのマーボー豆腐

材料（2〜3人分）
豆腐（木綿、絹ごしどちらでも）
　　　— 1丁（300g）
牛切り落とし肉 — 100g
にら — ½束
玉ねぎ — ½個
にんにく、しょうが — 各1かけ
豆板醤（トウバンジャン）— 小さじ1
A ┃ オイスターソース — 大さじ2
　 ┃ 鶏ガラスープの素
　 ┃ 　　— 小さじ1〜2
　 ┃ しょうゆ — 小さじ1
　 ┃ ナンプラー — 少々
　 ┃ 水 — 2カップ
サラダ油 — 大さじ1
片栗粉 — 小さじ2
ごま油 — 少々

作り方

1　牛肉は細切りにする。にらは2cm長さ、玉ねぎは粗みじんに切り、にんにくとしょうがはみじん切りにする。

2　フライパンにサラダ油、にんにく、しょうがを入れて弱火で炒め、香りが出たら豆板醤を加えてひと炒めし、玉ねぎを加えて透き通るまで炒める（a）。

3　牛肉を加え、肉に火が通ったらA、ひと口大に切った豆腐を加え（b）、弱めの中火で豆腐を温めるようにして煮る。

4　倍量の水で溶いた片栗粉でとろみをつけ、にらを加えてひと混ぜし、仕上げにごま油を回しかける。

(a)　(b)

メモ　学生時代に下宿でお世話になった、叔母の得意料理。牛肉と玉ねぎの組み合わせが新鮮でした。それに大好きなにらをたっぷり入れるようになったのは、家庭をもってから。緑の色が映えて、香りもいい。豆腐を加えたあとはくずれやすいので、ヘラなどで混ぜず、フライパンを揺すって全体に味をなじませます。辛みを強くしたい時は、たっぷりのごま油に花椒（ホワジャオ）、赤唐辛子を入れて弱火にかけ、香りと辛みを油に移し、各自取り分けてからその油をかけたりもします。

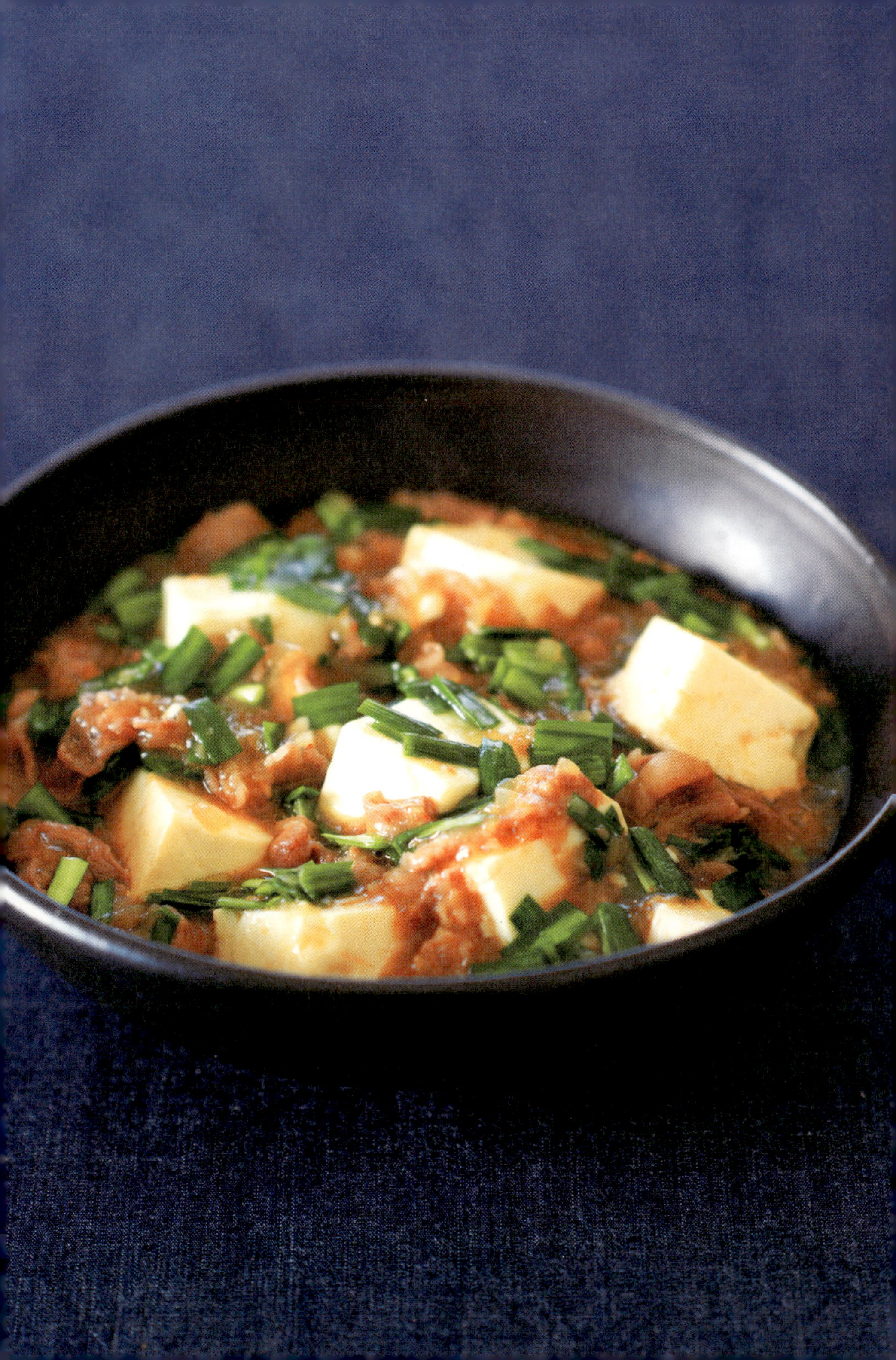

たらこ豆腐

材料（2人分）
豆腐（木綿、絹ごしどちらでも）
　　— 1丁（300g）
たらこ — 大½腹（1本・60g）
A ｛ 鶏ガラスープの素 — 小さじ1
　　水 — 1カップ
B ｛ 塩、しょうゆ — 各少々
片栗粉 — 小さじ1
万能ねぎ（小口切り）— 適量

作り方
1　鍋にAを入れて煮立たせ、ひと口大に切ったたらこを加えてほぐしながらひと煮し、Bで味を調える。倍量の水で溶いた片栗粉でとろみをつける。
2　豆腐をひと口大に切って加え、弱めの中火で静かに温め、器に盛って万能ねぎをのせる。

メモ　ごはんにかけて、豆腐をくずしながら、たらこあんと一緒に食べてください。もうこれさえあれば、何杯でもごはんをおかわりしてしまうくらいの大好物。やわらかくゆでたブロッコリーや、グリーンピースを加えて、彩りのよいひと皿にも。ボリュームアップしたい時は、きのこを合わせたりもします。

がんもと卵の甘辛煮

材料（2人分）
がんもどき —— 小5～6個
ゆで卵 —— 2個
だし汁 —— 2カップ
砂糖、しょうゆ —— 各大さじ2
しょうが（せん切り）—— 1かけ

作り方
1　がんもは熱湯にさっとくぐらせ、油抜きをする。
2　鍋に1、だし汁、砂糖を入れて中火にかけ、煮立ったら弱めの中火にし、落としぶたをして10分ほど煮る。
3　しょうゆとゆで卵を加え、中火で煮詰めるようにして味を含ませる。ゆで卵を半分に切って器に盛り、しょうがをのせる。

メモ　がんもは、小さなひと口サイズのものを。小さければ煮る時間も少なく、味も含みやすいので、わが家ではよく使っています。しょうがや練りがらしを添えると、甘辛い味が一層引き立ちます。

厚揚げと野菜のカレー炒め

材料（2人分）
厚揚げ ── 1枚
キャベツ ── 3枚
玉ねぎ ── ¼個
にんにく ── ½かけ
A ｛ カレー粉 ── 小さじ1
　　 塩 ── 小さじ⅓
オリーブ油 ── 大さじ1

作り方
1　厚揚げは7〜8mm厚さに切り、切り口をキッチンペーパーにのせて水けを軽くきる。キャベツは大きめのひと口大にちぎり、玉ねぎとにんにくは薄切りにする。
2　フライパンにオリーブ油、にんにくを入れて弱めの中火にかけ、こんがり色づいたら取り出す。続けて厚揚げを入れ、全体をこんがりと焼きつけて取り出す。
3　2のフライパンにキャベツと玉ねぎを入れて中火で炒め、しんなりしたら2を戻して炒め合わせ、Aで味つけする。

メモ
厚揚げは、切り口をキッチンペーパーにのせて軽く水きりをすると、炒めても水っぽくなりません。野菜はにんじんやじゃがいもなど、お好きなもので。炒めたあと、だし汁を少し加えて炒め煮にし、カレールウとしょうゆで味を調えれば、和風カレー煮になります。

厚揚げの肉豆腐

材料（2人分）
厚揚げ —— 1枚
豚薄切り肉（肩ロース）—— 120g（約5枚）
玉ねぎ —— ½個
A ┤ だし汁 —— 2カップ
　　酒 —— 大さじ2
　　砂糖 —— 大さじ1 ½
　　みりん —— 小さじ2
しょうゆ —— 大さじ1 ½

作り方
1　厚揚げは熱湯にさっとくぐらせ、ひと口大に切る。豚肉は3cm幅に、玉ねぎは1cm幅に切る。
2　鍋に1とAを入れ、ふたをして弱めの中火で10〜15分煮る。全体に味がなじんだらしょうゆを加え、煮詰めるようにして味を含ませる。

メモ
肉じゃがや大根の煮ものなどと同様に、煮汁少なめでこっくりと仕上げるか、煮汁をたっぷり使ってあっさりと煮上げるかは、お好みで。肉は豚肉のほか、牛肉やひき肉を使ってもいいです。玉ねぎがとろんとくずれるまでしっかり煮ると、厚揚げにも味がよくしみます。

からしいなり煮

材料（2〜3人分）
油揚げ —— 4枚
A ┌ だし汁 —— 2カップ
　├ しょうゆ、ざらめ（または三温糖）
　│　　—— 各大さじ3
　└ みりん —— 大さじ2
練りがらし —— 適量

作り方
1　油揚げは縦半分に切り、袋を開いて1枚にし、熱湯にさっとくぐらせる。
2　鍋に1とAを入れ、落としぶたをして弱めの中火で煮汁がなくなるまで20分ほど煮る。
3　粗熱がとれたら1枚ずつ内側にからしを塗って重ね、食べやすく切って器に盛る。

メモ　長野・松本の郷土料理に、からしいなりがあります。和からしを塗ったいなりずし。聞くと、甘辛く煮た油揚げにからしを塗っては重ね、ひと口大に切って食べる精進料理もあるとか。それをイメージしてうちでも作ってみたら、まぁごはんのすすむこと。とまりません。

細切り油揚げと京菜のさっと煮

材料（2人分）
油揚げ —— 2枚
京菜（または水菜）—— 2株
だし汁 —— 2カップ
A ┌ 薄口しょうゆ —— 小さじ1
　└ 塩 —— 小さじ1/3

作り方
1　油揚げは細切りにし、京菜は4cm長さに切る。
2　鍋にだし汁と油揚げを入れて火にかけ、煮立ったら弱めの中火で5分ほど煮、Aで味つけする。京菜を加え、さっと煮る。

メモ
油揚げはここでは油抜きはせず、細切りにしてだしと合わせて、コクを出します。京菜は火を通しすぎず、シャキッとした歯ごたえを残したいので、まずは油揚げだけを煮て味を含ませ、仕上げに加えてさっと火を通します。

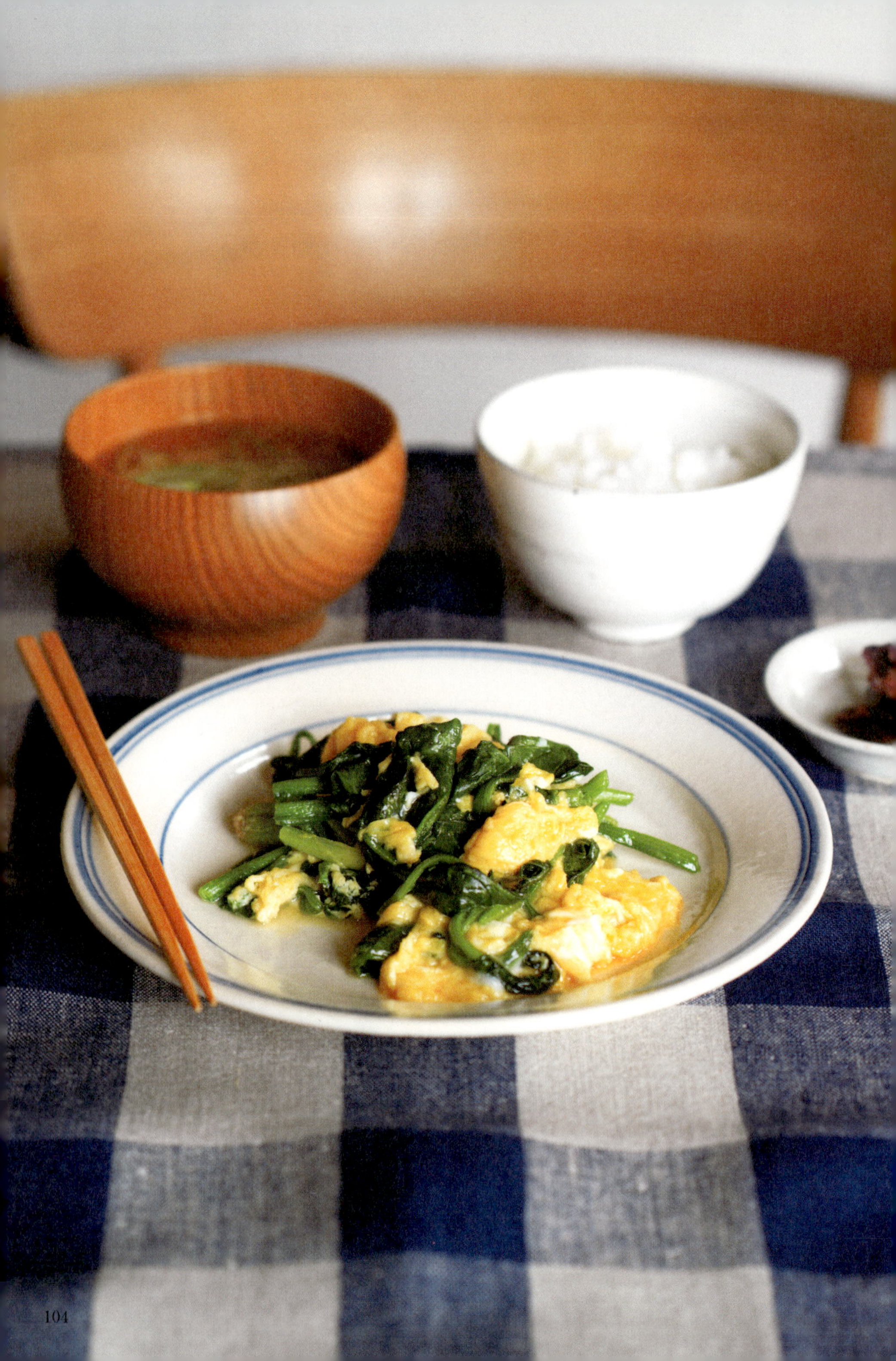

5章

卵で

家族全員、卵好き。1日1食は卵料理を作ります。
この章以外でも、卵を使ったレシピがたくさん出てきました。
わが家のごはんには、欠かせない素材です。
卵が1つあれば、野菜いっぱいの炒めものに合わせたり、
だしと合わせて蒸し上げれば、2人分の茶碗蒸しに。
卵ってすごいな。

卵の主菜で
ある日の朝ごはん

卵とほうれんそうの炒めもの (p.109)、
長ねぎのみそ汁、
漬けもの（しば漬け）と、
白いごはん。

半月目玉焼きのしょうゆがらめ

材料（2人分）
卵 —— 2個
ウインナ —— 4本
しょうゆ —— 小さじ1
こしょう —— 少々
オリーブ油 —— 大さじ1

作り方
1　フライパンにオリーブ油を熱し、強めの中火にして卵を割り入れる。白身に火が通ってきたら、半分にたたんで両面を焼き、周りがカリッとなったら、しょうゆをからめる。
2　あいたところでウインナを焼き、こしょうをふる。

> **メモ**　目玉焼きを半分にたたむようにして焼いて、焼き上がりにしょうゆをジュッとからめます。目玉焼きの焼き方にはいろいろありますが、わが家は油多めで周りをカリッと焼き、黄身は半熟なのが理想です。目玉焼きを上手に焼くのは、意外に難しい。手順が少ないだけに、目を離すと失敗してしまいます。

ひき肉のオムレツ

材料（2人分）
卵 —— 3個
A ｛ 砂糖 —— 小さじ1
　　塩 —— 少々
豚ひき肉（または合びき肉）—— 100g
玉ねぎ（みじん切り）—— ¼個
塩、こしょう —— 各少々
サラダ油 —— 大さじ1
ケチャップ —— 適量

作り方
1　フライパンにサラダ油少々（分量外）を熱し、玉ねぎを中火で炒め、しんなりしたらひき肉を加え、ポロポロにほぐれて火が通ったら塩、こしょうをふる。
2　卵は割りほぐし、Aを混ぜ、サラダ油を熱したフライパンに一気に流し、強めの中火で大きく混ぜながら焼く。
3　半熟状になったら1をのせ、両端をたたんで包み、器に盛ってケチャップをかける。

メモ
幼い頃の思い出の味。オムレツにケチャップをかけるのは、うちの決まりごとであった気がします。しゃれてはいないけれど、昭和のお母さんの味。アレンジせずに、このシンプルさをぜひ味わってください。ひき肉炒めは、あらかじめ作っておくと便利です。

なめ玉

材料（2人分）
卵 —— 3個
A ｛ なめたけ（びん詰）
　　　 —— 大さじ3～4
　　　砂糖 —— 小さじ1 ｝
サラダ油 —— 大さじ1
万能ねぎ（小口切り）—— 適量

作り方
1　卵は割りほぐし、Aを混ぜる。
2　フライパンにサラダ油を熱し、1を一気に流し、強めの中火で大きく混ぜながら半熟状になるまで焼く。器に盛り、万能ねぎを散らす。

メモ
びん詰のなめたけで、卵に味つけ。少し甘めが好みなので、レシピでは砂糖を加えていますが、お好みで。なめたけと卵の両方のとろみを生かして、火を通しすぎないように仕上げます。なめたけを加えたら、卵液をなめて味をみてください。オムレツも卵焼きも、卵液の味を確認すれば、失敗がありません。

卵とほうれんそうの炒めもの

材料（2～3人分）
- 卵 —— 3個
- 砂糖 —— 小さじ2
- ほうれんそう —— 1束
- 塩、こしょう —— 各少々
- オリーブ油 —— 大さじ1

作り方
1　卵は割りほぐし、砂糖を混ぜる。ほうれんそうは4cm長さに切る。
2　フライパンにオリーブ油を熱し、卵液を一気に流し、強めの中火で大きく混ぜながら焼き、半熟状になったら取り出す。
3　続けてほうれんそうを炒め、しんなりしたら塩、こしょうをふり、2を戻してひと炒めする。

メモ　卵をふんわりとおいしく炒めるコツは、油。多めの油で、卵液をからめるようにして混ぜて炒めると、ふっくらと仕上がります。

かに玉

材料（2人分）
卵 ── 3個
A ｛ 砂糖 ── 小さじ2
　　 塩 ── 少々
かにの身（または缶詰、かにかま）── 60g
ゆでたけのこ（薄切り）── 中½本（100g）
長ねぎ（斜め薄切り）── ½本
万能ねぎ（3cm長さに切る）── 5本
サラダ油 ── 大さじ1
B ｛ 酢、しょうゆ ── 各大さじ1
　　 砂糖、片栗粉 ── 各小さじ2
　　 水 ── ⅓カップ

作り方
1　フライパンにサラダ油少々（分量外）を熱し、野菜を中火でさっと炒める。
2　卵は割りほぐし、A、1、ほぐしたかにを混ぜる。サラダ油を熱したフライパンに一気に流し、強めの中火で大きく混ぜながら焼き、半熟状になったらふた（または大きめの皿）に移す。フライパンをかぶせるようにして卵をひっくり返し（やけどに注意）、裏面も焼いて器に盛る。
3　鍋にBを入れて混ぜながら中火にかけ、とろみがついたら2にかける。

> **メモ**　甘酢あんをたっぷりかけて、卵とよくからめながら食べると、ごはんがすすみます。あんをかけることで、ごちそう感がぐっと高まりますね。

にらの卵とじ

材料（2人分）
- 卵 — 2個
- 砂糖 — 少々
- にら — 1束
- かまぼこ — 4〜5cm
- A
  - だし汁 — 1カップ
  - しょうゆ — 小さじ1
  - 塩 — 小さじ¼

作り方
1 卵は割りほぐし、砂糖を混ぜる。にらは4cm長さ、かまぼこは細切りにする。
2 鍋にAを入れて煮立たせ、にらとかまぼこを加えて中火でさっと煮、卵液を全体に回し入れ、好みのかたさに火を通す。

メモ 卵のやわらかさ加減は好みですが、おかずにするなら、ややしっかりと火を通し、ごはんにのせて食べるなら、半熟状にしています。卵液を流し入れたら、混ぜずに鍋を軽く揺するくらいで、全体に火を通します。

具だくさん卵焼き

材料（2〜3人分）
卵 —— 3個
A ｛ 砂糖 —— 小さじ1
　　 塩 —— 小さじ⅓
キャベツ —— ½枚
玉ねぎ —— ⅛個
にんじん —— 2cm
いんげん —— 3本
トマト —— 中1個
ベーコン —— 1枚
サラダ油 —— 大さじ1

作り方
1　野菜とベーコンは粗みじんに切り、サラダ油小さじ1（分量外）を熱したフライパンでさっと炒める。Aとともに卵に加え、よく混ぜる。
2　卵焼き器（またはフライパン）を熱してサラダ油をなじませ（余分な油はボウルに移す）、1の¼量を流し、強めの中火で軽く混ぜながら焼き、半熟状になったら向こう側に寄せる。
3　あいたところに再び油をなじませ、卵液の⅓量を流し（卵焼きの下にも）、焼けてきたら卵焼きを芯にして巻く。これをくり返して焼き上げ、食べやすく切って器に盛る。

メモ　卵焼きを上手に作るコツは、火加減。こげることを心配せず、強めの火加減で表面をしっかりと焼き、中はふんわり仕上げます。具は好みで、季節の野菜を入れてください。すぐに火が通るものなら、炒めずに卵液に合わせます。

茶碗蒸し

材料（2〜3人分）
卵 —— 2個
A ┌ だし汁 —— 1½カップ
　├ 薄口しょうゆ —— 小さじ1
　└ 塩 —— 小さじ¼
かにの身（または缶詰、かにかま）—— 100g
鶏もも肉 —— ¼枚
むきえび —— 2尾
ゆり根（あれば）—— 小1個
みつば（細かく刻む）—— ½束

作り方
1　鍋にAを入れて温め、吸いものくらいの味加減にし、冷ましておく。
2　かにはほぐし、鶏肉とえびは1cm角に切り、ゆり根は1枚ずつはがして洗い、大きめの耐熱容器（直径約16cm）に入れる。
3　卵は割りほぐし、1を混ぜ、ざるでこして2の容器に入れ、蒸気の上がった蒸し器の強火で2分、弱火で15〜20分蒸す。竹串をさして、透き通った汁が出れば蒸し上がり。みつばをたっぷりと散らす。

メモ　うちでは、ごはんに茶碗蒸しをたっぷりとかけて食べるので、大きな器で作ります。もしも表面がでこぼこしてしまったら、刻んだ野菜を合わせたあんをかけてしまいます。実は撮影の時も、波打った形の器のせいか表面がなめらかにできなかったので、みつばをたっぷりと散らしてしまいました。気にならないでしょ？

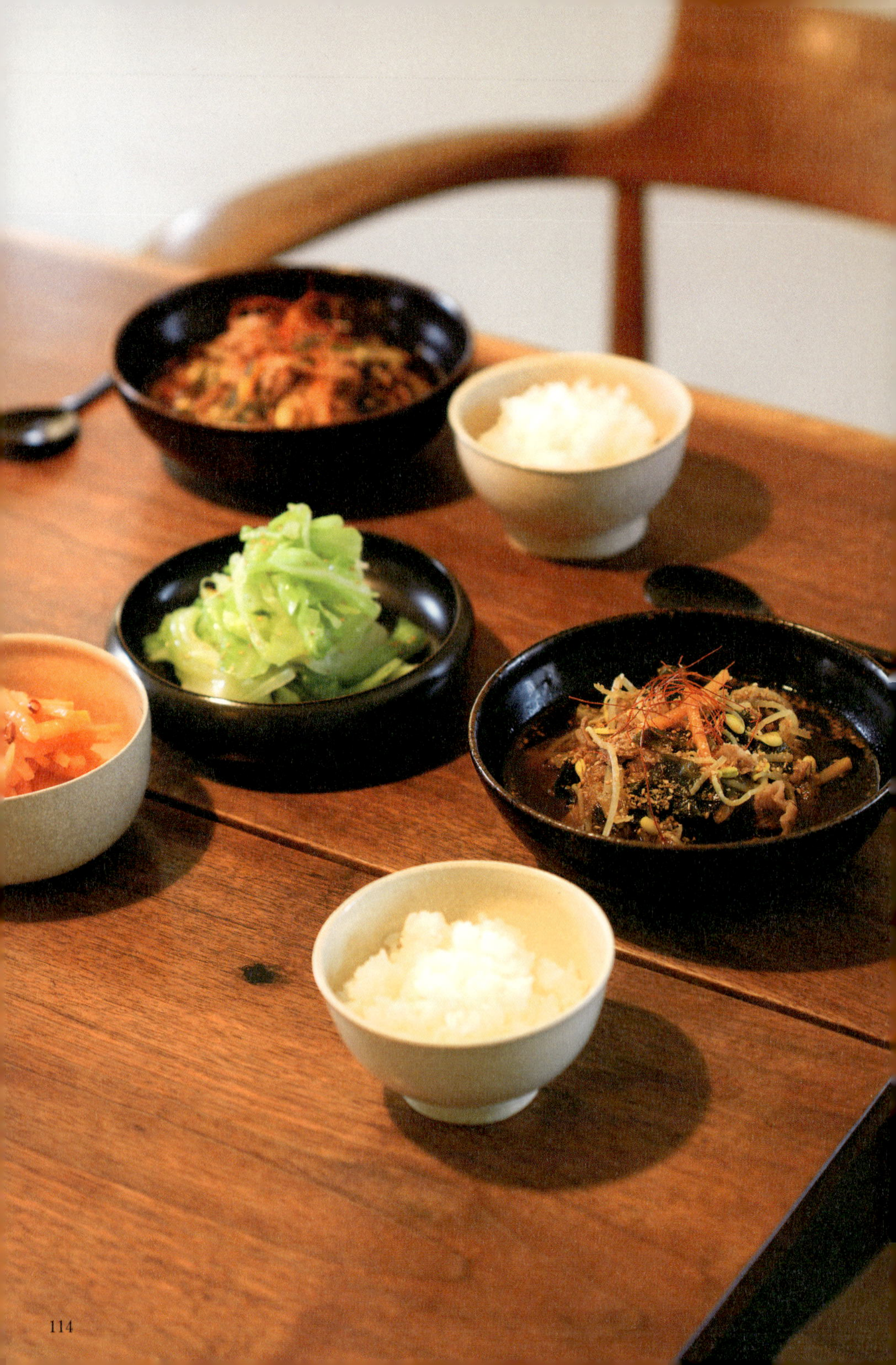

6章

おかず汁もの

具だくさんの汁ものは、それだけでごはんがすすみます。
汁ものというと、どうしても脇役的になりがちなところを、
たっぷりの野菜と肉を合わせてボリュームを出し、
辛みやとろみをつけ、薬味を合わせて味の変化を楽しむ。
具を食べては、白いごはんを口に運び、
その合間に汁をすするという具合です。
スープやだしは、一からとれば一層おいしいと思いますが、
市販のスープの素やだしの素を使ってもいい。
野菜や肉のうまみがだしとなって、満足の味となってくれます。

おかず汁もので
ある日の晩ごはん

ユッケジャンスープ（p.122）と、
キャベツとにんじんのナムル（p.87）、
白いごはん。

ワンタンスープ

材料（2〜3人分）＊ワンタンは作りやすい分量
ワンタンの皮 —— 1袋（30枚）
A ┌ 豚ひき肉 —— 100g
　├ 殻つきえび（ブラックタイガーなど）
　│　　　　 —— 6尾
　├ 長ねぎ（みじん切り）—— 10cm
　├ 梅干し（たたく）—— 1個
　├ オイスターソース —— 小さじ2
　└ 片栗粉 —— 小さじ1
白菜 —— 1枚
チンゲンサイ —— 1株
にんじん —— 1/4本
しょうが —— 1かけ
B ┌ 鶏ガラスープの素 —— 小さじ1〜2
　├ ナンプラー（または薄口しょうゆ）
　│　　　　 —— 小さじ1
　└ 塩 —— 少々

作り方

1　えびは殻をむいて尾を除き、背ワタをとり、塩少々（分量外）でもんで水洗いし、水けをふいて包丁で細かくたたく。白菜、チンゲンサイ、にんじんは食べやすく切り、しょうがは皮をむいてせん切りにする。

2　ボウルにAを入れて手で練り混ぜ、四隅に水をつけたワンタンの皮にのせ（a）、半分に折って（b）両端をまん中に寄せるようにしてぎゅっと絞って包む（c、d）。

3　鍋に水2カップ、白菜、にんじんを入れて火にかけ、煮立ったら弱めの中火にして10分ほど煮る。

4　別の鍋に湯を沸かし、ワンタン10〜15個をさっとゆでる。チンゲンサイ、しょうがとともに3に加えてひと煮し、Bで味を調える。

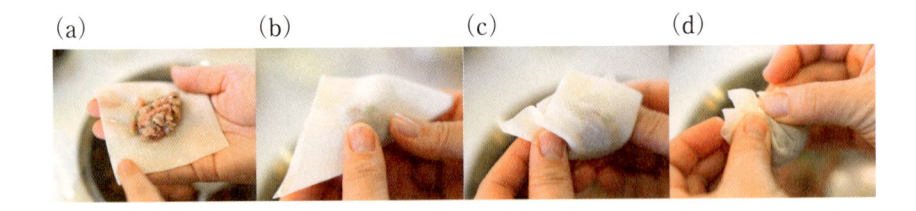

(a)　(b)　(c)　(d)

メモ　やわらかく煮たたっぷりの野菜入りスープに、ゆでたワンタンを加えて作ります。隠し味に梅干しを加え、さっぱりと。ワンタンは1袋分すべて包んでしまい、残れば冷凍しておきます。娘の学校給食には、カレー味のワンタンスープがあり、時々カレー味をリクエストされます。

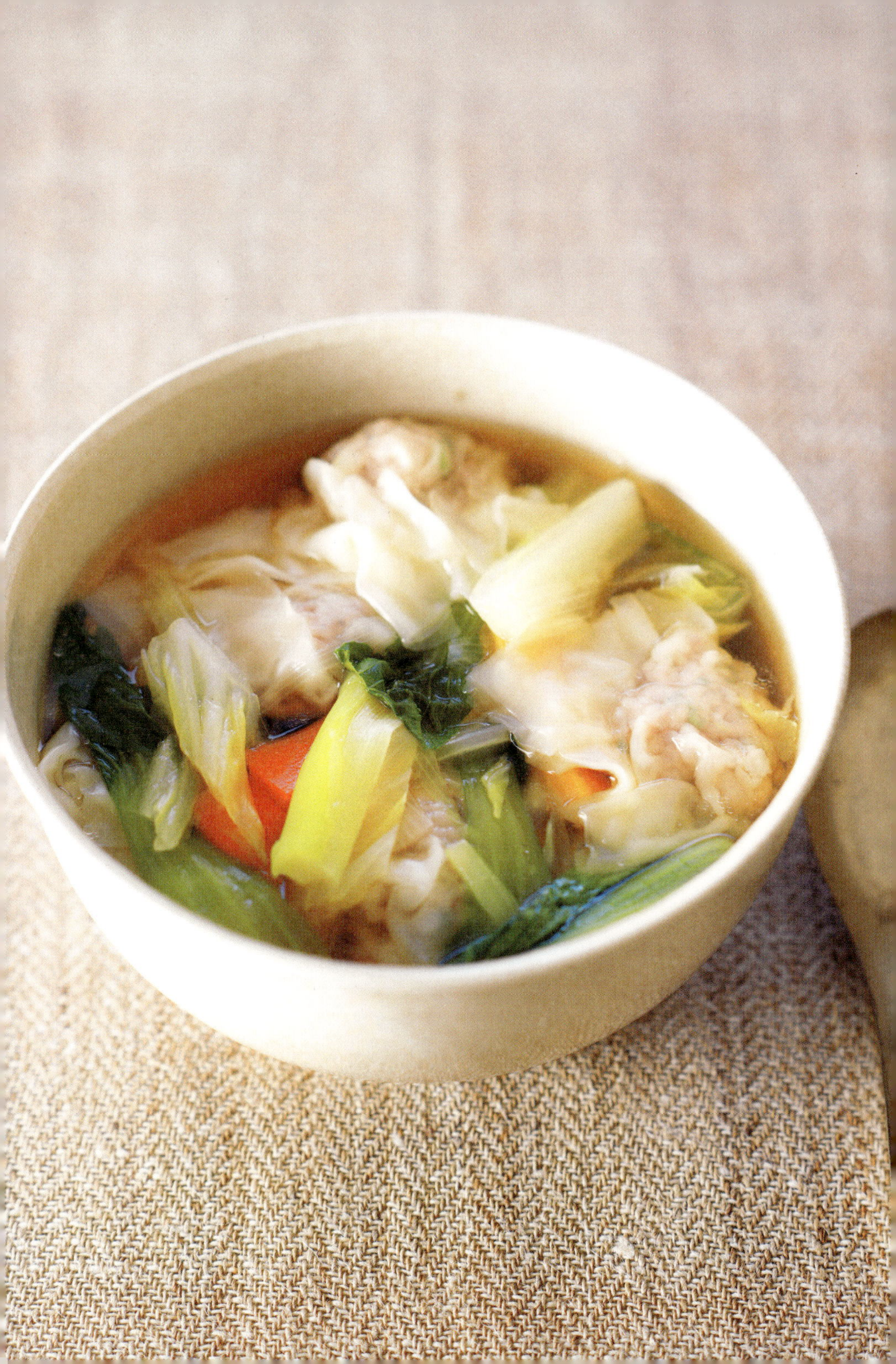

豆腐入りコーンスープ

材料（2〜3人分）
クリームコーン缶 —— 小1缶（190g）
豆腐（木綿、絹ごしどちらでも）—— 1/2丁（150g）
玉ねぎ —— 1/4個
牛乳 —— 2カップ
バター —— 小さじ1
塩、こしょう、ごま油 —— 各少々

作り方
1　玉ねぎは粗みじんに切り、バターを溶かした鍋に入れ、中火でしんなりするまで炒める。コーン缶と水1/2カップを加え、軽く煮立たせる。
2　牛乳を加えて弱火で温め、塩、こしょうで味を調え、大きめにくずした豆腐を加えて温める。仕上げにごま油を回しかける。

メモ　コーンスープも、味つけの組み合わせはいろいろ。バターと牛乳、固形スープの素。ごま油と牛乳、鶏ガラスープの素。牛乳は豆乳にかえてもいいし、最後に溶き卵を流して、かき玉風にすることもあります。

里いもときのこの豆乳スープ

材料（2人分）
里いも —— 大2個
生しいたけ —— 2枚
エリンギ —— 1本
玉ねぎ —— ¼個
にんにく —— 1かけ
A ｛ 豆乳（成分無調整のもの） —— 2カップ
　　　鶏ガラスープの素 —— 小さじ½
B ｛ 白みそ —— 小さじ1
　　　塩 —— 小さじ⅓
サラダ油（または太白ごま油）—— 大さじ1

作り方
1　里いもは皮をむいて水からやわらかくゆで、フォークなどで粗くつぶす。
2　きのこは食べやすく切り、玉ねぎは薄切り、にんにくはすりおろす。
3　鍋にサラダ油を熱し、玉ねぎときのこを中火で炒め、しんなりしたらAを加えて弱火にし、煮立ったら1とにんにくを加えて2〜3分煮る。Bで味つけする。

> **メモ**　ねっとりとした里いもを豆乳でのばして、とろみのあるスープに仕上げます。じゃがいもや長いも、かぼちゃで作ってもよし。里いもはつぶしすぎずに、歯ごたえを残します。

具だくさんみそ汁

材料（2〜3人分）
なす —— 1本
いんげん —— 4本
オクラ —— 2本
きゅうり —— 1本
トマト —— 中1個
ベーコン —— 2枚
だし汁 —— 3カップ
みそ —— 大さじ2〜3

作り方
1　野菜はすべて1cm角に切る（きゅうりは種の部分をスプーンでかきとる・p.76参照）。ベーコンは細切りにする。
2　鍋にだし汁、トマト以外の野菜、ベーコンを入れて中火で煮、野菜に火が通ったらみそを溶く。トマトを加え、火を止める。

メモ　レシピでは夏野菜を使いましたが、右ページの豚汁同様、旬の野菜で作ります。ベーコンをほんの少し加えると、コクが出ます。うちでは輪切りのウインナ入りも、喜んで食べてくれます。

豚汁

材料（2〜3人分）
- 豚薄切り肉（肩ロース）── 100g（約4枚）
- 里いも ── 2個
- ごぼう ── 5cm
- れんこん ── 2cm
- 大根 ── 2cm
- にんじん ── ¼本
- だし汁 ── 3カップ
- みそ ── 大さじ1〜2
- A｛ 塩、しょうゆ ── 各少々
- ごま油 ── 小さじ2
- B｛ しょうが（せん切り）── 1かけ
     みょうが（小口切り）── 1個

作り方

1　豚肉は細切りにする。里いもは皮をむいて棒状に、ごぼうはよく洗って皮つきのまま細切り、れんこんは皮をむいていちょう切り、大根とにんじんは細切りにする。

2　鍋にごま油を熱し、豚肉を中火で炒め、肉の色が変わったら野菜を加えてひと炒めする。

3　だし汁を加え、野菜がやわらかくなるまで煮、みそを溶いてAで味を調える。器に盛り、Bをのせる。

> **メモ**　レシピは秋冬の野菜ですが、野菜の種類は問いません。季節のものをふんだんに使って作ります。豚肉と野菜をごま油で炒めることで、コクが出ます。最後にのせるあしらいは、長ねぎや万能ねぎ、白ごまも合います。

ユッケジャンスープ

材料（2〜3人分）
牛切り落とし肉 —— 150g
豆もやし —— 1袋
玉ねぎ —— ½個
セロリ —— ½本
にんじん —— ¼本
わかめ（戻したもの）—— 50g
にんにく —— 1かけ
鶏ガラスープの素 —— 小さじ1〜2
A ｛ しょうゆ —— 大さじ1
　　 コチュジャン、甜麺醤（テンメンジャン）
　　 —— 各小さじ1
塩、ごま油、白すりごま、
　糸唐辛子（あれば）—— 各少々

作り方
1　牛肉は細切りにする。豆もやしはできればひげ根をとり、玉ねぎは薄切り、セロリとにんじんは4cm長さの細切り、わかめは食べやすく切り、にんにくはすりおろす。
2　鍋に2カップの湯を沸かし、1、スープの素を加え、煮立ったら中火で5〜6分煮る。
3　Aで味つけし、塩で味を調え、仕上げにごま油を回しかける。器に盛ってすりごまをふり、糸唐辛子をのせる。

メモ　切った具材をただ煮るだけ。簡単なのに、奥深い味がするのは、たくさんの具材のおかげです。レシピは切り落とし肉で作りましたが、ひき肉でも、厚切り肉を切ったものでも、味がよく出ます。

きのことれんこんの和ポタージュ

材料（2人分）
えのきだけ ── 小 ½ 袋
エリンギ ── 1 本
生しいたけ ── 2 枚
れんこん ── 中 ½ 節（100g）
だし汁 ── 2 カップ
塩 ── 小さじ ¼

作り方
1　れんこんは皮をむき、水に10分ほどさらす。きのこはすべてみじん切りにする。
2　鍋にだし汁ときのこを入れ、中火で5〜6分煮、れんこんをすりおろしながら加えて時々混ぜながら2〜3分煮る。とろみがついたら、塩で味つけする。

メモ
このレシピは本当にシンプルで、味つけも塩のみ。具材の味がストレートに出るので、だしをていねいにとって作ると、味わい深く仕上がります。だし汁は、昆布とかつお節の混合だし、あごだしがおすすめ。みじん切りにしたきのこのつぶつぶした食感と、すりおろしたれんこんのとろんとした口あたりを楽しんでください。

ラム肉のシチュー

材料（2人分）
ラムチョップ —— 4本
A ｛ 塩 —— 小さじ¼強
　　こしょう —— 少々
じゃがいも —— 2個
玉ねぎ —— 1個
にんじん —— 1本
にんにく（粗みじん切り）—— 1かけ
ホールトマト缶 —— ½缶（200g）
ブランデー（あれば）—— 大さじ2
固形スープの素 —— ½個
小麦粉 —— 適量
塩、こしょう —— 各少々
オリーブ油 —— 大さじ2
パセリ（みじん切り）—— 小さじ1

作り方
1　ラム肉は室温に戻して脂をやわらかくし、Aをふる。野菜はすべて大きめのひと口大に切り、ホールトマトは汁ごとボウルにあけ、手で軽くつぶす。
2　厚手の鍋にオリーブ油、にんにくを入れて弱めの中火にかけ、香りが出たら小麦粉を薄くまぶしたラム肉を加えて両面をこんがりと焼きつけ（a）、ブランデーを加えてひと煮立ちさせ、ひと焼きして取り出す。
3　2の鍋に野菜を入れて中火でさっと炒め、ラム肉を戻し（b）、ホールトマト、ひたひたの水を加え、弱めの中火でじゃがいもがやわらかくなるまで7〜8分煮る。
4　スープの素を加えて中火で5分ほど煮、塩、こしょうで味を調える。器に盛り、パセリを散らす。

(a)　(b)

メモ　ラム肉以外に、骨つきの鶏肉、豚や牛の角切り肉で作ってもおいしくできます。ゴロゴロと大きなお肉が入っていると、ごちそうになるし、うまみもよく出ます。うまみと香りを出すためにブランデーを使いますが、ない場合は他の酒で代用せずに、省いて作ってください。

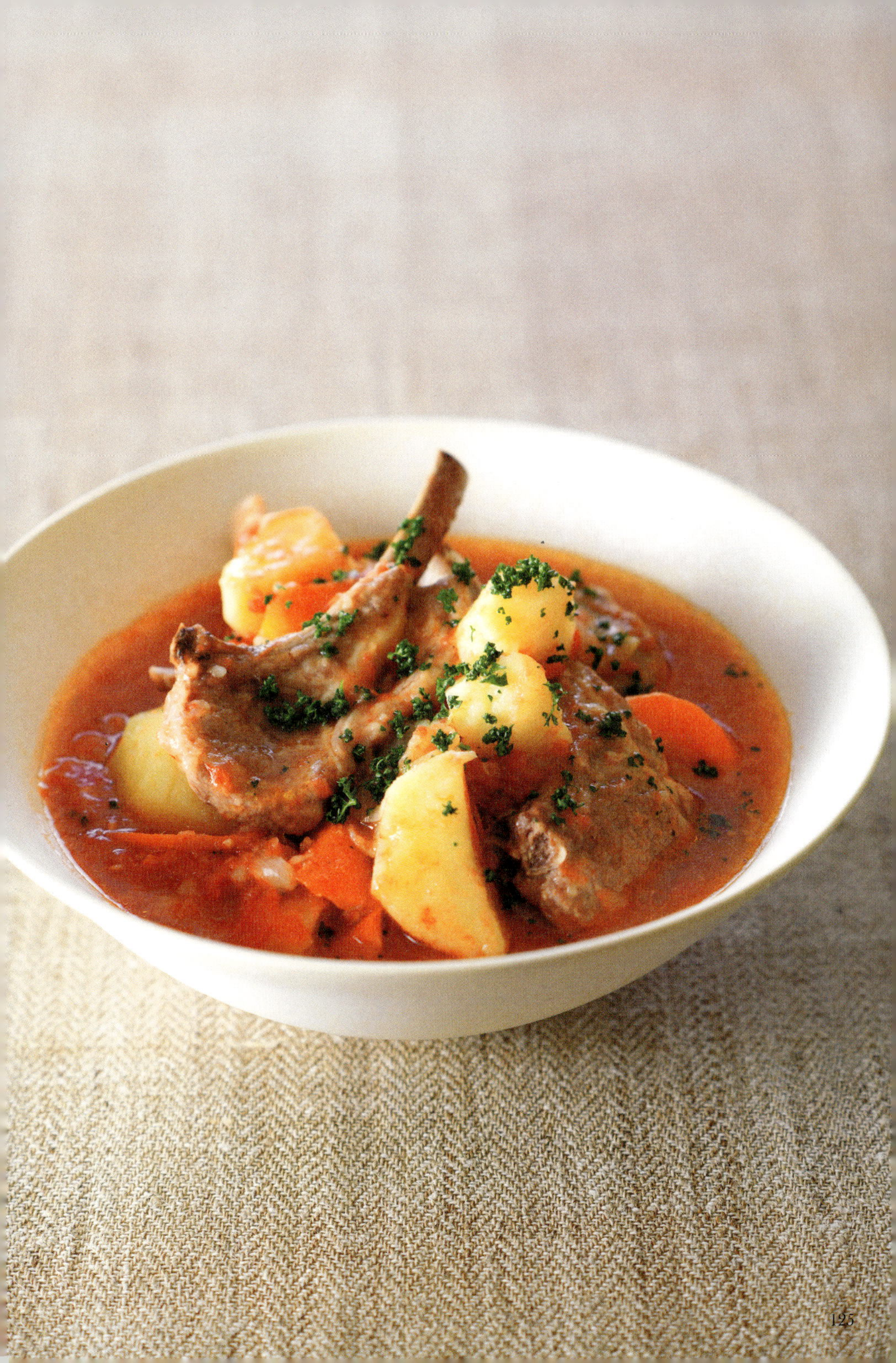

おかずつくだ煮

じゃこ、昆布、おかかの甘辛煮

材料（作りやすい分量／約1カップ分）
ちりめんじゃこ —— ½カップ
昆布 —— 10cm
A ｛ しょうゆ、みりん —— 各大さじ1
削り節 —— 1袋（5g）

作り方
1　昆布は水2カップにひと晩つけて戻し、細切りにする。戻し汁はとっておく。
2　鍋にじゃこ、1、戻し汁¼カップ、Aを入れて弱めの中火で炒りつけ、汁けがなくなったら削り節を混ぜる。

> **メモ**　分量はあくまでも目安。じゃこを主役にしてもいいし、昆布がたっぷりでもいい。3種類のいいだしの出る素材を合わせれば、それだけでごはんがすすむ味になりますね。昆布の戻し汁の残りは、みそ汁などのだしに使います。冷蔵室で保存し、日持ちは約3日。

ごぼうとくるみのみそ炒め

材料（作りやすい分量／約1カップ分）
ごぼう（5mm角に切る）── 15cm
くるみ ── 約½カップ（60g）
長ねぎ（5mm角に切る）── 10cm
にんにく、しょうが（ともにすりおろす）── 各1かけ
砂糖、みそ ── 各¾カップ
ごま油、サラダ油 ── 各大さじ1

作り方
1　くるみはフライパンの弱めの中火でさっとからいりし、細かく砕く。
2　フライパンにごま油とサラダ油を熱し、1と野菜を弱めの中火で炒め、しんなりしたら砂糖、みその順に加えてさらに炒める。照りが出てねっとりとしたら、でき上がり。

メモ　具はごぼう以外の根菜や、きのこが入ってもいいです。ポイントは、ごぼうとくるみの香り。やや甘めに作ったほうが、ごはんがすすみます。冷蔵室で保存し、日持ちは約1週間。

しらたきのピリ辛炒め

材料（作りやすい分量／約2カップ分）
しらたき ── 1袋（200g）
A ｜ だし汁 ── ¼カップ
　　｜ しょうゆ、砂糖、みりん ── 各大さじ1
　　｜ 赤唐辛子（小口切り）── ½本

作り方
1　しらたきは熱湯でゆで、ざるに上げて湯をきり、ざるの中でキッチンばさみで食べやすく切る。
2　鍋に1を入れ、弱めの中火でからいりし、チリチリッという音がやや静かになったら、Aを加えて中火で汁けがなくなるまでいりつける。

メモ　冷蔵庫に入れておいたら、夫がソース焼きそばと間違えました！　しらたきは包丁で切ってもいいのですが、はさみのほうが飛び散ることもなくラクです。味つけしたしらたきは、細かく刻んで米と一緒に炊き込んでもおいしいです。冷蔵室で保存し、日持ちは約5日。

1964年、東京生まれ。夫と小学生の娘との3人暮らし。高校3年間を長野で過ごし、短大進学とともに再び東京で暮らし、会社員などを経て料理家に。日々の暮らしから生まれる、身近な材料で作る無理のないレシピが人気。その中には、長野に住む母や友人によって知った長野の味、自身が暮らす湘南の味、その土地ごとの味に向き合い、食材を食べきる知恵も詰まっている。今回は、普段の一汁一菜+常備菜の献立から、主菜になるものを紹介。著書に『常備菜』『つまみ』（ともに小社刊）、『飛田和緒のかぞくごはん』（小学館）など多数。

飛田和緒
ひだ　かずを

アートディレクション・デザイン
佐藤芳孝

撮影
吉田篤史

スタイリング
久保原恵理

構成・取材
相沢ひろみ

校閲
滄流社

編集担当
足立昭子

主菜

著　者／飛田和緒
編集人／泊出紀子
発行人／黒川裕二
発行所／株式会社 主婦と生活社
　　　　〒104-8357　東京都中央区京橋3-5-7
　　　　tel.03-3563-5321（編集部）
　　　　tel.03-3563-5121（販売部）
　　　　tel.03-3563-5125（生産部）
印刷所／凸版印刷株式会社
製本所／株式会社若林製本工場

落丁・乱丁の場合はお取り替えいたします。お買い求めの書店か、小社生産部までお申し出ください。
Ⓡ 本書を無断で複写複製（電子化を含む）することは、著作権法上の例外を除き、禁じられています。
本書をコピーされる場合は、事前に日本複製権センター（JRRC）の許諾を受けてください。
また、本書を代行業者等の第三者に依頼してスキャンやデジタル化をすることは、たとえ個人や家庭内の利用であっても一切認められておりません。
JRRC（http://www.jrrc.or.jp　Eメール:jrrc_info@jrrc.or.jp　tel:03-3401-2382）

©KAZUWO HIDA 2013 Printed in Japan
ISBN978-4-391-14305-8

お送りいただいた個人情報は、今後の編集企画の参考としてのみ使用し、他の目的には使用いたしません。
詳しくは当社のプライバシーポリシー（http://www.shufu.co.jp/privacy/）をご覧ください。